Die Aufziehgesellschaft

Die Aufziehgesellschaft

Für meine Kinder

Ruben Albrecht Eingärtner

Die Aufziehgesellschaft

(*The Windup Society*)

Siebzehn kurze Briefe

zur „Möglichkeit gesellschaftlicher Hoffnung"

Bibliografische Information der Deutschen Nationalbibliothek:
Die Deutsche Nationalbibliothek verzeichnet diese Publikation in der Deutschen Nationalbibliografie;
detaillierte bibliografische Daten sind im Internet über
http://dnb.d-nb.de abrufbar.

© 2015 Ruben Albrecht Eingärtner
Satz, Umschlaggestaltung, Herstellung und Verlag: BoD- Books on Demand
ISBN: 978-3-7386-6491-1
www.aufziehgesellschaft.de

Inhalt

Als Kinder hatten wir Aufziehspielzeuge. Kleine Autos, einen Hasen, eine Eisenbahn und sogar ein Flugzeug aus Blech. An der Seite konnte man an einer Schraube drehen, die zog innendrin eine Feder auf. Losgelassen sausten die Dinger wie wild im Zimmer umher, bis sich die aufgezogene Feder schließlich erschöpft hatte. Meistens haben wir die Spielzeuge dann vergessen, nicht mehr beachtet. Wenn man aber Stunden oder Tage später noch mal zufällig an ihnen anstreifte, erwachten sie plötzlich und völlig überraschend noch einmal ganz kurz zu einem ungestümen Leben. Erst danach war wirklich alle Spannung aus ihnen gewichen …!

Unsere Gesellschaft erinnert mich an meine Aufziehspielzeuge. Wenn wir den Mut hätten und noch einmal an uns selber anstreifen würden, dann hätten wir sicher immer noch genug Kraft, uns selber ganz gehörig zu überraschen!

Ich habe keine Angst vor diesen Überraschungen …

... Die Freiheit des Einzelnen kann ohne gerechte soziale Umverteilung letzten Endes nicht mehr lange verteidigt werden ...

... Soziale Umverteilung muss alle Schichten einer Gesellschaft lückenlos und fair in die Pflicht nehmen können ...

... Die obersten Gebote sozialer Umverteilung sind deren unbedingte Missbrauchsvermeidung und lebendige Kontrolle ...

... Neben der politischen Kontrolle muss eine neue Bürgerkontrolle mit umfassender Machtbefugnis eingerichtet werden ...

... Ehrlichkeit, Offenheit und Nachvollziehbarkeit sind die Grundstützen einer erneuerten Gesellschaftsordnung ...

... Nur der Mut zu wachsamer Toleranz wird die Freiheit des Einzelnen für immer gewährleisten können ...

Vorwort

Wenige Tage nach dem furchtbaren Anschlag in New York bin ich gegen Abend immer wieder, scheinbar ziellos, durch die Straßen von Manhattan gegangen. An den auch zu diesem Zeitpunkt noch in der Luft hängenden Brand- und Staubgeruch werde ich mich mein ganzes Leben erinnern, mehr noch als an die gespenstische Ruhe in der sonst so lärmenden Innenstadt. In unserem Büro war nur eine Kernmannschaft übriggeblieben, einige davon hatten seit Tagen auf Feldbetten übernachtet. In ihrer Ratlosigkeit und Fassungslosigkeit suchten sie Nähe zu mir, weit mehr Nähe, als sie im Alltag sonst jemals zugelassen haben, denn ich war einer der wenigen Verantwortlichen, die in diesen Tagen die Erlaubnis bekamen, Manhattan betreten zu dürfen. Die meisten Führungskräfte des Unternehmens mussten aus Sicherheitsgründen zunächst außerhalb der Stadt bleiben. Vielleicht weil ich zwar durchaus bekannt im Unternehmen, aber dennoch in New York in der Regel nur zeitweise und zu Gast war, haben sich damals viele mir in einer ganz persönlichen Weise anvertraut, ohne dass ich danach gefragt hätte. Ich war einfach nur da. Und auch diese Gespräche habe ich nie vergessen.

In meinem Hotel, sonst von über tausend Gästen bevölkert, schliefen nur eine Handvoll Menschen. Überall hingen kleine Zettel der Verwaltung, die den wenigen Gästen oder Mitarbeitern täglich aufs Neue mitteilte, wo man in der Früh einen Kaffee oder ein Sandwich bekommen konnte oder sich bei Bedarf frisches Bettzeug abholen durfte. Manchmal war das fast gespenstisch, denn über so viele Jahre hatte ich ja das gleiche Hotel umtriebig und schwirrend wie einen Bienenstock erlebt. Auch hier versammelten sich die vielleicht fünfzig Gäste und Mitarbeiter abends in der Bar und versuchten, miteinander ins Gespräch zu kommen. Nach wie vor besonders gegenwärtig ist mir der Umstand, dass, obwohl man nach und nach problemlos wieder telefonieren konnte, die meisten es vorzogen, ihre Telefone nicht zu beantworten. Wenn sie es doch taten, dann schienen sie nur kurz und knapp zu sprechen, nur das Nötigste mitteilend. Dies war mir auch schon im Büro aufgefallen. Auch ich selbst habe in diesen Tagen kaum mit euch oder meiner Familie oder Geschäftspartnern gesprochen oder sprechen wollen, auch wenn diese (weit über die Welt verstreut ...) verständlicherweise sehr wissbegierig waren. Wenn ich heute zurückdenke und in Worte fassen sollte, was damals wirklich passierte, dann würde ich es am ehesten als ein „gemeinsames Innehalten" beschreiben. Ausnahmslos jeder Mensch in der Stadt schien in diesen Tagen zu spüren, dass eine Zeitenwende eingetreten war. In der Musik sagt man dazu „Zäsur". Nach einigen Tagen war dieses Gespür, diese Erkenntnis dann auch schon wieder verdrängt, gerade in New York. Aber ich bin sicher, dass es vielen Menschen auf der Welt in jenen Tagen ganz ähnlich gegangen ist, auch wenn sie nicht unmittelbar Zeuge der Abläufe in New York waren.

Diese Erlebnisse sind über zehn Jahre her. Es wundert mich nicht, dass der Kern des Ereignisses in Vergessenheit geraten ist, dazu ist mir der menschliche Wunsch nach Vergessen viel zu sehr vertraut. Das „Innehalten" wurde längst abgelöst durch Verdrängung, gegenseitige Schuldzuweisung und ein „Jetzt erst Recht"-Gehabe. Politische Massenberuhigung und die tief menschliche Sehnsucht nach einer „heilen Welt" haben längst ihre verheerende Wirkung entfacht. Ich bin darüber traurig, aber nicht verwundert. Zwar sind die Anschläge mit ihren Tausenden sinnlos Getöteten nicht etwa plötzlich zum Dreh- und Angelpunkt meines Denkens geworden, aber als mahnendes Zeichen einer umfassenden Zeitenwende empfinde ich sie nach wie vor. Wenn es überhaupt etwas gibt, worüber ich mich tatsächlich wundere, dann darüber, wie wenige Entscheidungsträger, sowohl in der Finanzwelt und Wirtschaft als auch in der Politik, sich der Unverrückbarkeit dieser Zeitenwende bewusst sind.

Als Zeitenwende verstehe ich das Ende des Verlaufs, der Struktur eines bestimmten Zeitalters. Natürlich haben die barbarischen Anschläge von New York und auch später in anderen Städten keinen kapitalismuskritischen Hintergrund gehabt, sie waren politische Hassanschläge, das würde ich nie bestreiten. Aber in ihrer Wirkung hatten sie einen ganz dramatischen Nebeneffekt. Dadurch, dass wir in unserer alltäglichen Sorglosigkeit so tödlich und entscheidend getroffen und verletzt werden konnten, entstand eine tiefe, erdbebengleiche Verwerfung in unserem Sicherheitsgefühl und Wertemuster. Es ist diese Verwerfung, welche letztlich den heutigen gesellschaftlichen Selbstzweifel, die neuen und weitaus kritischeren Bewertungen unseres Selbstverständnisses und sogar eine gewisse Panik- oder Gegenreaktion hervorgerufen hat, sie war und ist der Anlass, davon bin ich fest überzeugt.

Unser westliches und stark amerikanisiertes Leitbild dessen, wie gesellschaftliche Wirklichkeit auszusehen hat, ist – und das nicht nur für mich – schon lange nicht mehr überlebensfähig. Dies vor allem deshalb, weil es letztlich aus dem Konzept der fortgesetzten Plünderung und Versklavung Schwächerer hergeleitet ist. Geschichtlich meine ich diese Herleitung klar erkennen zu können: von den Eroberungskriegen des Altertums, den Vorherrscherkriegen des Mittelalters über die Kolonialplünderung der Neuzeit bis hin zur wirtschaftlichen Versklavung unter dem Modell des immerwährenden Konsumzwangs, dieses Leitbild nährt sich einzig von der jeweiligen Verfügbarkeit eines Schwächeren. In dem gleichen Maße, in dem uns langsam, aber sicher die Schwächeren ausgehen, in genau jenem Maße verliert dieses Leitbild seine Berechtigung und Wirkungsfähigkeit. Unter dem Deckmantel von Freiheit und Selbstbestimmung haben wir der restlichen Welt ein Leitbild vorgelebt, das nur so lange funktionieren kann, solange wir fortwährend eine weitere „Goldmine" oder Bevölkerung zur Ausbeutung finden. Nach der Kolonialplünderung (auf der eine Vielzahl der heutigen Individualvermögen ursächlich noch immer beruhen …) haben wir sogenannte Wachstumsmärkte erschlossen, von Lateinamerika und Arabien über Asien/Ozeanien bis schließlich hin zu West- und Zentralafrika, immer nach dem gleichen Schema: moderne Versklavung billiger Arbeitskräfte für die Herstellung von „unseren" Konsumgütern oder Ausbeutung von Bodenschätzen und danach die Heranzüchtung eines von „uns" gesteuerten Konsumbedarfs der vorher ausgebeuteten Bevölkerung. So kann man zweimal daran verdienen. Aber was kommt nach der Ausbeutung Afrikas? Die Antarktis ist leider (oder zum Glück …) ziemlich menschenleer. Es sieht für mich so aus, als sei Afrika die letzte Haltestelle unseres Leitbildes. Ein weiteres Osteuropa (und dessen schlagartig einsetzender Konsumrausch in den neunziger Jahren des vergangenen

Jahrhunderts ...) ist jedenfalls nirgendwo mehr auszumachen. Das ist es, was man meiner Meinung nach eine Zeitenwende nennen kann.

Gleichzeitig haben sich die zunächst mit unserem Leitbild überzogenen Bevölkerungen entscheidend weiterentwickelt. Zum einen sind sie dadurch selber zu Plünderern geworden, kommen uns also zunehmend „in die Quere" (siehe zum Beispiel China), zum anderen aber haben sie ein eigenes politisches, gesellschaftliches und religiöses Leitbild hervorgebracht und beginnen nun ihrerseits, dieses in ihrem jeweiligen Einflussbereich ohne Zögern umzusetzen.

So wie die Anschläge vor zehn Jahren und ihr noch immer anhaltender Folgeterror trifft uns der Zerfall unseres eigenen Leitbildes (dem schlichtweg der Nachschub ausgeht ...) zu einer denkbar ungünstigen Zeit. Von Mittelmäßigkeit und der elektronischen Ruhigstellung („Brot und Spiele") völlig eingelullt, haben wir aus keiner der vergangenen Krisen eine Chance gemacht. Nach jedem „Innehalten" ging die Party weiter, als sei nichts geschehen. Und immer noch geht sie weiter, ein jedes Mal lärmender als zuvor. Eigentlich müsste mir das egal sein, denn ich will ja, dass die Zeit der Plünderung und Ausbeutung endlich vorbei ist. Ich will dieses Leitbild meiner Väter nicht, aber genauso wenig möchte ich mit dieser Gesellschaft untergehen. Denn ich bin ein Teil von ihr und ich glaube an eine gemeinsame Zukunft in und mit dieser Gesellschaft.

Ich habe immer gedacht, dass doch auch andere, genau wie ich, eines Morgens aufwachen werden und langsam den Kopf schütteln würden, ins Morgengrauen hinausschauen und sich an den überbordenden Saus und Braus der vergangenen Nacht erinnern. Aber ich kann niemanden erkennen, ich höre oder lese keinen Protest, noch nicht mal Sorge. Haben die anderen bisher lediglich gezögert? Sollen wir einfach zurück unter die Bettdecke kriechen und auf ein anderes Aufwachen hoffen, in einer anderen Welt, einer, die wir nicht so sehr beschädigt haben? Ich sehe in dieses Morgengrauen und ich habe mich entschlossen, diese Briefe zu schreiben. Ich schreibe sie an euch, meine Kinder und Stiefkinder, nicht weil ich glaube klüger, verständiger oder erfahrenerer zu sein als andere, nein, ich schreibe sie, weil ich euch etwas erklären möchte, euch ein paar mögliche Lösungen aufzeigen möchte und weil ich euch Mut machen möchte.

Als meine Kinder wisst ihr, dass dies meine liebste Tageszeit ist, dieser Wechsel von der schwarzen Nacht ins zunächst spärliche Morgengrauen. Mit der Morgendämmerung kommt alles wieder und wir haben Zeit, die Gedanken auf das zu richten, was gestern gewesen ist, was des Nachts geschehen ist. Zeit für Angst, Zeit für Zweifel. Aber auch Zeit für Mut und Wollen. Selbst wenn sich alles um mich herum dumpf anfühlt, wenn mir der Schädel brummt, weil ich nächtens über die Stränge geschlagen habe, so ist es doch immer ein Moment der Wahrheit, ein Moment des Planens und des Aufrichtens. Ich habe ihn lieb, diesen Moment und würde ihn gerne für den ganzen Tag festhalten können. Denn genau dann spüre ich den größten Mut in mir.

Analog dazu befindet sich für mich auch unsere Gesellschaft in ihrem Morgengrauen. Böse zugerichtet, aber sie kann trotzdem voller Mut sein. Jetzt ist die richtige Zeit, jetzt müssen wir zu uns selbst ehrlich sein und uns in Aufrichtigkeit erheben. Jeder von uns hat Angst vor Veränderung, vor Versagen und Schmerz. Keiner will verspottet und ausgelacht werden, ich auch nicht. Aber die Nacht ist zu Ende, der Weg der Albträume führt nicht weiter, die Wut und der Zorn können nichts heilen. Wir könnten uns jetzt eingestehen, was geschehen ist, eingestehen, dass unsere Wertvorstellungen, unsere althergebrachten Denkmuster unser gesellschaftliches Zusammensein nicht mehr tragen. Wir alle ahnen, wo die Gründe für unser Ausufern liegen. Machen wir sie uns endlich bewusst, dann können wir darangehen und unser gesellschaftliches Dasein neu gestalten oder zumindest „renovieren". Und es für immer verändern.

Es wird uns aber nicht gelingen, ein neues und tragfähiges westliches Leitbild für unser Zusammensein zu entwickeln, wenn wir weiterhin der mühevollen Kleinarbeit einer gesellschaftlichen Neuordnung aus dem Weg gehen wollen. Nur wenn wir unser bürgerliches Zusammenleben von Grund auf und im kleinsten Kreis berichtigen, Lüge, Falschheit und Bestechung erkennen und brandmarken sowie unserem Miteinander ein neues Gerechtigkeitsverständnis abringen können, kann es eine gesellschaftliche

Erneuerung geben! Viele Jahre war ich sicher, dass diese Briefe nie geschrieben werden müssten, zumindest nicht von mir. Zum einen, weil sie nichts Neues beschreiben, und zum anderen, weil ich gar nicht sicher bin, ob ich dazu tauge, sie zu verfassen. Gewartet habe ich. Auf andere, viel Berufenere vielleicht. Oder auf mich selbst. So genau weiß ich das nicht. Denn natürlich war ich sicher, dass schon jemand schreiben würde, reden würde, gestalten würde. Zehn Jahre später ist noch immer nichts davon zu sehen. Weder bei denen, die das eigentlich besser können sollten als ich, noch bei mir selbst. Dabei sind die Veränderungen der Zeit längst in vollem Gang, die Zeitenwende hat längst begonnen. Und die Antworten, Mittel und Wege oder Rezepte sind die gleichen geblieben. Nur die Hilflosigkeit wird immer größer.

Wenn wir den Mut hätten, genau zu betrachten, was wir angestellt haben, dann würden wir auch Mittel und Wege finden, unser gesellschaftliches Beisammensein nachhaltig zu verändern. Denn jetzt – im Morgengrauen – ist uns klar, dass wir etwas ändern müssen, und zwar bald. Auf diesen Mut des erwachenden Tages müssen wir vertrauen. Es geht mir nicht um Schuldzuweisungen oder um Besserwisserei. Es wird nicht helfen, „Schuldige" zu finden oder zu benennen. Das kann immer nur der halbe Schritt sein, denn wirklich vorwärtsstreben heißt, nach der gefundenen Ursache auch mögliche Wege in die Zukunft vorzuschlagen.

Ich habe lange daran gezweifelt, ob die Form eines Briefes an euch heute überhaupt noch verstanden werden kann, ob ich das nicht viel moderner aufziehen müsste, um jene erreichen zu können, die diese Schriften lesen sollen und wollen. Aber je mehr ich darüber nachgedacht habe, umso klarer wurde mir, dass ich mich dem allgemeinen Lärm neuer Medien nicht anschließen können würde. Dieser „Informations-Lärm", der uns andauernd umtost, ist eben auch einer der Hauptgründe für unsere Hilflosigkeit und Untätigkeit. Die heutige Allgegenwärtigkeit von vermeintlichem Wissen, Hintergrundinformation und Enthüllung birgt ungeheuer viel Unwahrheit, Falschheit und auch Verdrehungsmöglichkeit für jene, die Gewinne aus unserer Situation ziehen.

Diese Sammlung von Briefen zu gesellschaftlichen Themen ist im Wesentlichen innerhalb von achtzehn Monaten während der Jahre 2011 und

2012 entstanden, genau ab jenem Zeitpunkt, an dem ich mich entschlossen hatte, nicht weiter auf andere zu warten. Sie hat sich dabei auch ein wenig ihre eigenen Regeln geschaffen. Ich hatte diese zunächst gar nicht so geplant, sie haben sich aus den Überlegungen zu den Themen selbst ergeben. Ich habe versucht, in diesen Briefen mit wenigen Fremdwörtern oder Lehnwörtern aus anderen Sprachen auszukommen. Ich habe mich bemüht, die Sätze nicht schwierig zu verschachteln, denn sie sollen ja für möglichst viele verständlich sein. Ich benutze keine Quellen und will auch niemanden zitieren. Gewiss haben viele Leute tolle Sachen geschrieben, nur sind die meisten davon voller „Lärm" und verstecken eine winzige Botschaft hinter Bergen von schwierigen Sätzen. Auf Vordenker kann ich mich nicht beziehen, nicht mal in „Anführungszeichen". Möglicherweise verstehe ich etwas, auf das ich mich vielleicht hätte beziehen können oder was andere vor mir viel gescheiter schon ausgedrückt haben, auch einfach nicht gut genug. Ich will mich nur auf das beziehen, was ich wirklich zu wissen glaube, letztlich oft auch nur auf selbst Erlebtes und Erfahrenes. Wenn ich heute, vor ihrer schließlichen Veröffentlichung, diese Briefe an euch noch einmal durchlese, dann bin ich fast erschrocken über die Vielzahl der in ihnen geforderten Eingriffe in das, was ich euch zeitlebens als „das Heiligtum der Freiheit des Einzelnen" beschrieben habe. Einige davon könnten genauso aus der Feder eines totalitären und diktatorischen Gesellschaftsführers stammen. Ich bin mir dessen vollkommen bewusst. Während es mich auf der einen Seite traurig macht, diese scheinbaren Einschränkungen persönlicher Freiheiten fordern zu müssen, so bin ich auf der anderen Seite von deren vorübergehenden Notwendigkeit felsenfest überzeugt. Ich glaube einfach, dass sie für den Moment unverzichtbar sind, damit wir alle die Steuerung der Entwicklung unserer Gesellschaft wieder in die Hand bekommen. Mit der nötigen Ehrlichkeit, Kontrolle und Nachvollziehbarkeit werden wir diesen Prozess hoffentlich ausreichend beaufsichtigen und dadurch ein Abgleiten in Unfreiheit verhindern können. Meiner Meinung nach wären die denkbaren Alternativen zu den von mir aufgezeigten Lösungsmöglichkeiten um vieles gefährlicher und letztlich damit freiheitsberaubender. Auch deshalb sind diese Briefe entstanden.

Natürlich schreibe ich nichts Neues, das weiß ich nur zu gut. Ich versuche lediglich, es auf eine Art und Weise zu schreiben, die ehrlich zu mir selbst ist und die hoffentlich viele nachvollziehen können. Es wäre ein Glück für mich, wenn es nicht nur euch, sondern auch andere zum Mitdenken, Nachdenken, Weiterdenken anregen könnte, dann wäre mehr erreicht, als ich zu hoffen wage. Nur aus unserer ganz nüchternen Selbstehrlichkeit kann vielleicht ein Neubeginn entstehen. Es ist die fortlaufende Angst vor Veränderung und freiem Denken, welche die Mächtigen dieser Welt erfolgreich in uns gezüchtet haben. Damit kontrollieren sie uns. Unsere Untätigkeit und unsere Befriedigungssucht, unser Wunsch, von der Wahrheit abgelenkt zu werden, sind ihr Gewinn. Welcher Art auch immer dieser Gewinn sein mag. Meiner ist es nicht. Ihr müsst wählen, wie ihr diese Welt gestalten wollt. Einfach wegducken, das geht nicht mehr.

Neuseeland im Mai 2014

Brief eins

Gesellschaft und der Einzelne oder:
„Vom Bekenntnis zu sozialer Umverteilung"

„Alle Menschen sind frei und gleich an Würde und Rechten geboren", so lautet die deutsche Übersetzung des ersten Absatzes der Menschenrechtserklärung der Vereinten Nationen. In fast jedem Grundgesetz eines mitteleuropäischen Landes ist ein zumindest ganz ähnlicher Gleichheitsgrundsatz verankert.

Unsere moderne mitteleuropäische Gesellschaft stützt sich im Ursprung ihres sozialen Gedankengutes, man könnte auch sagen ihrer sozialen Grundfundamente, auf diesen Gleichheitsgrundsatz. Er lässt sich sowohl aus dem Urchristentum als auch aus der gesellschaftlichen Philosophie des alten Griechenland herleiten und findet sich deshalb folgerichtig auch im oben stehenden ersten Absatz der Menschenrechtserklärung der Vereinten Nationen. Wir alle haben normalerweise kein Problem damit, die Gleichheit aller, zum Beispiel vor dem Gesetz, als richtig und fair und damit für unser Gemeinwesen als erstrebenswert zu erachten. Und dies, obwohl wir als Menschen einander nicht ungleicher sein könnten: Weder ist uns gleiches Empfinden oder Aussehen gegeben, noch haben wir die gleichen Voraussetzungen oder Möglichkeiten.

Nur wenn wir wirklich alle gleich wären, ließe sich folgende Schlussfolgerung ziehen: „Da alle Menschen gleich empfinden und aussehen und die gleichen Voraussetzungen und Möglichkeiten haben, müssen auch alle gleich behandelt werden!" Aber nachdem ich ja weiß, dass diese Schlussfolgerung mit der Wirklichkeit nicht übereinstimmt, habe ich bereits mein erstes „Problem" mit dem Gleichheitsgrundsatz. Wie soll ich „Gleiches gleich" behandeln, wenn es doch gar nicht „gleich" ist? Eine Antwort darauf kann meiner Erfahrung nach nur in einer weitestgehenden Annäherung bestehen: Während ich auf der einen Seite verstehen muss, dass mitunter die Eigenheiten einer jeden gesellschaftlichen Begebenheit eine durchaus ungleiche Behandlung erfordern wird, darf ich aber auf der anderen Seite so wenig als irgend möglich gegen den von unserer Gesellschaft erstrebten Gleichheitsgrundsatz verstoßen!

Die Verwirklichung des Gleichheitsgrundsatzes anzustreben bedeutet für mich also nicht, dass alle Mitglieder einer Gesellschaft einen Anspruch auf unbedingte Gleichbehandlung haben. Einen gesellschaftsgegebenen Anspruch Einzelner auf unbedingte Gleichbehandlung gibt es nicht und kann es auch gar nicht geben dürfen. Gleichbehandlung ist meines Erachtens kein Grundwert unseres Gemeinwesens, und jede Forderung danach muss zumindest sorgfältig überprüft werden. Aus dem Gleichheitsgrundsatz konnte aber historisch eine Reihe von sogenannten „Gleichheitssätzen" abgeleitet werden (einer davon zum Beispiel die „Gleichstellung von Frau und Mann"), und diese sind tatsächlich schließlich zu so etwas wie formulierten „Grundwerten" unseres Gemeinwesens geworden. Sie werden daher im gesellschaftlichen Alltag überall angeführt, in Gesetzen, in Geboten und in Regeln. Die mit einem solchen Grundwert gerne verwechselte Forderung nach „unbedingter Gleichbehandlung" wird im gesellschaftlichen Alltag aber insbesondere von jenen beiden Randzonen der Gesellschaft fortwährend wiederholt, die entweder nicht teilen wollen, was sie sich bereits angeeignet haben, oder die ohne große Anstrengungen etwas haben möchten, für das sie bisher noch nichts geleistet haben. Schon deswegen ist gegenüber dem viel beschworenen und angeblichen „Recht" auf Gleichbehandlung äußerste Vorsicht geboten.

Zudem gibt es in unserem Gemeinwesen einen Umstand, der sogar unseren Gleichheitsgrundsatz, so er für sich allein stünde, völlig irreführend erscheinen lässt: Noch weit vor dem Gleichheitsgrundsatz und allen daraus abgeleiteten Grundwerten steht für mich die soziale und auch zutiefst menschliche Erkenntnis, dass es so etwas wie „Bedürftigkeit" gibt, und diese überstrahlt gewissermaßen alles! Ich will versuchen, euch anhand eines kleinen Beispiels zu beschreiben, was ich darunter verstehe: Wenn in einem Haus in der Wüste elf Menschen zusammenkommen und zehn von ihnen sind seit Tagen ohne Wasser, ein elfter aber ist es erst seit einigen Stunden, dann sind vor dem Krug Wasser auf dem Tisch des Hauses nicht alle gleich. Zehn haben eine hohe Bedürftigkeit und einer hat vor kurzem noch getrunken, seine Bedürftigkeit ist also erheblich geringer. Der elfte wird im Verhältnis mit weniger Wasser auskommen als die anderen zehn und deshalb wird das Wasser ungleich verteilt werden. Die Mehrheit aller Menschen wird mit einer solchen Vorgehensweise rückhaltlos einverstanden sein.

Dieses kleine Beispiel hilft vielleicht zu zeigen, wie Bedürftigkeit vor Gleichheit steht (dass also unter den Vorzeichen von Richtigkeit und Fairness auch die Bedürftigkeit des Einzelnen gesondert berücksichtigt werden muss). Erst aus der allgemeinen Anerkenntnis von Bedürftigkeit entwickelt sich nun ein gesellschaftliches Bekenntnis, das ich gerne als wesentliches Leitbild moderner Gesellschaften betrachten würde: die Verpflichtung zu sozialer Umverteilung.

Zwar lege ich allen Briefen im vorliegenden Band, wo es nur geht, den Gleichheitsgrundsatz zugrunde, weil auf diesem unser Verständnis von Gerechtigkeit und von dem, was „richtig und fair" ist, fußt, aber sobald der Gleichheitsgrundsatz der Bedürftigkeit Einzelner im Wege steht, muss er zurückgestellt werden. So sehr dem Elften zunächst der gleiche Anteil an Wasser zustehen mag wie den anderen zehn, wird die Gruppe ihm doch weniger zuteilen dürfen und sollen, weil eben die anderen zehn bedürftiger sind. Für mich beschreibt ein solches Vorgehen am ehesten, was ich unter dem Prinzip „sozialer Umverteilung" verstehe. Diesem folgt die Gruppe im obigen Beispiel unwillkürlich und ganz natürlich. Entsprechend formen auch ganz und gar nicht dem Gleichheitsgrundsatz unterliegende Gesetze, Gebote und Regeln den gesellschaftlichen Alltag. Die Allgemeinheit muss sich noch vor einem Gleichheitsgrundsatz zu sozialer Umverteilung bekennen, sonst kann sie ihr Überleben als Gemeinwesen nicht sicherstellen. Für dieses braucht es eine ausgleichende Versorgung mit Wasser für alle elf und nicht den auf „unbedingter Gleichbehandlung" beruhenden Vorteil eines Einzelnen.

Das Bekenntnis zur Notwendigkeit sozialer Umverteilung bildet einen zentralen Ausgangspunkt für das gesellschaftliche Selbstverständnis der mitteleuropäischen Gesellschaften. Gleichzeitig steht es aber im Widerstreit mit dem allzu menschlichen Bedürfnis der Einzelnen, sich einen Vorteil auf Kosten ihres Nächsten verschaffen zu wollen. Zwar ist uns die Notwendigkeit sozialer Umverteilung durchaus gegenwärtig, begleitet sie uns doch „von der Wiege bis zur Bahre", aber als Einzelner wollen wir diese, wo immer es geht, vermeiden, zumindest wenn wir davon betroffen sein könnten. Teilen oder helfen sollen zunächst mal die anderen, vielleicht kommen wir selbst drumherum. Das ist doch für gewöhnlich unsere Einstellung, und dies, obwohl wir genau spüren, dass genau in jenem Moment, in dem wir uns schließlich zu weit vom Bekenntnis zu sozialer Umverteilung – diesem eigentlichen gesellschaftlichen Selbstverständnis – entfernt haben, die Dinge „aus dem Ruder gelaufen" sind. Denn das sind sie in den letzten Jahrzehnten, individuelle Gier lässt sich nun mal mit sozialer Umverteilung nicht vereinbaren. Es ist für mich wichtig, dass wir uns diesen Umstand bewusst machen und unsere Situation noch rechtzeitig erkennen. Nur ein solches Erkennen kann uns eine Rückkehr zu dem, was wirklich „richtig und fair" ist, ermöglichen.

Ich finde, es sollte uns zu denken geben, dass die unermessliche Anhäufung von Geld durch einige wenige in unserer Gesellschaft zeitlich mit der zunehmenden Abkehr von dem Bekenntnis zu sozialer Umverteilung einhergegangen ist; als fände es nun schon unser aller Zustimmung, dass sozialer Aufstieg und Reichtum nur möglich sind, wenn gleichzeitig das soziale Netz immer dünner gewoben wird. Kinder und Alte, Schwache und Kranke können sich nicht selbst versorgen, das ist uns ja durchaus klar. Murrend gewähren wir also eine gewisse Umverteilung, so zum Beispiel durch (wenn auch immer niedriger werdende ...) Sozialhilfe oder eine Mindestversorgung in Krankheit und Alter. Gleichzeitig aber hat sich die Mehrheit der einkommensstarken Bevölkerung aus den öffentlichen Kassen der sozialen Umverteilung in die „private Vorsorge" verabschiedet. Geblendet von den Verlockungen der Kapitalmärkte, der Börsen und der Versicherungen glaubt sie, dort persönlich vorsorgen zu können, auch wenn man sich leicht ausrechnen kann, dass dies schon rein mathematisch (Überalterung unserer Gesellschaft ...) nicht möglich sein wird. Eine Versicherung, eine Pensionskasse nimmt am gleichen Kapitalmarkt teil wie alle anderen, genau jenem Kapitalmarkt, dessen ganz normale Mechanik

ja den ungeheuren Übertrag von Reichtum in die Hände einiger weniger
erst ermöglicht hat. Und Reichtum ist dann auf den Kapitalmarkt aber gar
nicht mehr angewiesen, er kann nämlich spielend auf andere Vermögens-
anlagen ausweichen. Am Ende steht für alle, auch für jene, die sich jetzt
noch in der scheinbar sicheren privaten Vorsorge wähnen, nur genau jenes
ausgedünnte soziale Netz zur Verfügung, welches vorher so selbstbewusst
verlassen wurde.

Wenn ihr das einmal ganz kritisch sehen wollt, dann ist zu erkennen,
dass der private Vorsorgeversuch des Einzelnen in Wirklichkeit auch eine
Abkehr von der Verantwortung zu sozialer Umverteilung bedeutet. Nur
eine finanzstarke Gesamtallgemeinheit kann ihre sozialen Aufgaben wahr-
nehmen, und sie braucht dafür die Rückendeckung aller. Wenn sich die
Gesellschaft in ihren Einnahmemöglichkeiten als Allgemeinheit allerdings
zunehmend aus den wirtschaftlichen Zusammenhängen und Zahlungsflüs-
sen herausdrängen lässt (vor allem durch Abverkauf von Staatseigentum
oder Auslagerung von Kontrollhoheit), also die direkte Einnahmen- und
Ausgabenverantwortung aufgibt, dann wird sie mit der Zeit über immer
weniger Geldmittel und Einflussmöglichkeiten verfügen. Solche sind aber
in ausreichender Höhe unbedingt notwendig, um die auf dem Gleichheitsgrundsatz beruhende soziale Gerechtigkeit – und allem voran die
Befriedigung von Bedürftigkeit – aufrechtzuerhalten. Deshalb besteht ein
direkter Zusammenhang zwischen privater Vorsorge, Kapitalmärkten, der
Anhäufung von Vermögen in den Händen weniger und dem langsamen
Ausbluten der gesellschaftlichen Zahlungsfähigkeit. Die Allgemeinheit darf
niemals ihre Einnahmen- und Ausgabenhoheit verlieren, also nicht, wie
derzeit europaweit lauthals gefordert, ihr „Tafelsilber" verkaufen, um etwa
Schulden damit abzudecken. Sonst entledigt sie sich der zukünftigen Kraft
und Mittel, soziale Umverteilung auch wirklich „richtig und fair" gestalten
zu können.
Ihr dürft nicht vergessen, dass die jüngere Geschichte Mitteleuropas und
gerade auch Deutschlands genug Beispiele kennt, welche die verheerende
Wirkung der Missachtung von Bedürftigkeit und der Abkehr vom Gleich-

heitsgrundsatz deutlich aufzeigen. Erst wird sich möglichst auf Kosten anderer persönlich bereichert (Einkommensschere klafft auseinander), dann wird nicht mehr geteilt (soziale Umverteilung wird ausgedünnt) und schließlich rutschen weite Teile der Bevölkerung in die Bedürftigkeit. Im nächsten Schritt werden dann zunächst Randgruppen als Krisenverursacher beschuldigt (Ausländer, Einwanderer oder angeblich Arbeitsunwillige) oder es werden, wenn man es geschichtlich betrachtet, kurzerhand Schuldige „erfunden" (zum Beispiel die deutschen Mitbürger jüdischen Glaubens in der Zeit des Nationalsozialismus). Diese werden anschließend enteignet, verfolgt und ermordet und am Ende wird Krieg geführt und Millionen von Menschen bringen sich gegenseitig um, nur um dort zu plündern, wo die Welt noch etwas zum Stehlen hergibt, also um den Einfluss der Sieger auf die Verteilung von Bodenschätzen oder Wachstumsmärkten zu sichern. Deshalb lehrt uns gerade auch die deutsche Geschichte, die Vergangenheit eurer Großmütter und Großväter, dass wir uns im Sinne sozialer Umverteilung der Bedürftigkeit rechtzeitig stellen müssen, wo immer sie eintritt – und zwar umgehend. Das betrifft aber nicht nur finanzielle Bedürftigkeit, sondern auch geistige, kulturelle und auf die gesellschaftlichen Werte bezogene Bedürftigkeit, denn alle diese Werte sind auf das Engste miteinander verwoben. Um uns dieser Aufgabe stellen zu können, müssen wir unser Allgemeinwesen leistungsfähig und wohlhabend erhalten. Nur dann kann uns dieses Allgemeinwesen auch den nötigen Rückhalt geben. Gelingt uns das nicht, machen wir uns abhängig von Sponsoren und Stiftungsgeldern, welche Einfluss auf Gestaltung und Inhalt der von ihnen unterstützten geistigen und kulturellen Werte (Theater, Musik, Kunst, Literatur, Inhalt von Bibliotheken und Suchmaschinen etc.) nehmen (so wie im Spendenwesen der USA …).

Dabei spielt es für mich keine große Rolle, inwieweit der Einzelne den historischen Zusammenhang oder die theoretische Herleitung einer gesellschaftlichen Verpflichtung nachvollziehen kann. Das Erkennen sozialer Bedürftigkeit erfordert kein Nachdenken oder historisches Wissen. Man muss nur hinschauen, darf nicht wegschauen. Wenn Einzelne die Gesellschaft schwächen und zu ihrer Aushöhlung beitragen, dann wollen sie diese

Gesellschaft entweder nicht oder sie haben die gesellschaftlichen Grundwerte für sich selbst nicht verinnerlichen können; oder sie sind sich – bestenfalls – der Folgen ihres Handelns oder ihrer Unterlassung (noch) nicht bewusst. Im täglichen Umgang des Einzelnen mit der Gesellschaft, also unserer ganz eigenen Antwort auf die soziale Bedürftigkeit um uns herum, sowie in unserem gelebten Bekenntnis zur Notwendigkeit sozialer Umverteilung liegt die Möglichkeit der positiven Beeinflussung gesellschaftlichen Wandels. Ohne euer und mein gelebtes Beispiel können wir keine „Werte" vermitteln. Natürlich wandeln sich gesellschaftliche Grundwerte im Laufe der Zeit durch Veränderungen von Werteanschauungen innerhalb einer Gesellschaft, und wir alle müssen solche Wandlungsprozesse akzeptieren, selbst wenn wir sie manchmal (noch) nicht nachvollziehen können. Führt aber der Wandlungsprozess zu einer Unterlassung von Hilfeleistungen gegenüber den Bedürftigen, dann darf das nicht hingenommen werden. Daher gilt es für jeden, wachsam zu sein, aus regelmäßigen gesellschaftlichen Bestandsaufnahmen zu lernen und vor allem die eigene Rolle im Zusammenspiel der Kräfte zu erkennen.

Nun müsst ihr euch aber eines ganz bewusst machen: Nichts wird im Umfeld der Beziehung zwischen dem Einzelnen und der Gesellschaft häufiger versucht, als den Einzelnen von seiner eigenen Bedeutung in diesem Zusammenspiel der Kräfte und für dessen freie Gestaltung abzulenken. Wenn ich mir meiner eigenen Bedeutung darin nicht bewusst bin, kann sie ein anderer viel zu leicht für mich übernehmen, mich quasi für seine Zwecke „vereinnahmen". Es wird leider kaum ergründet, wem die fatalistische (achselzuckende) Haltung des Einzelnen im Sinne von „Daran kann man eh nichts ändern" tatsächlich Macht verleiht oder Geld in die Kasse spült. Im Guten wie im Schlechten werden viele sogenannte gesellschaftliche Verhältnisse für unumstößlich oder unumkehrbar gehalten. Nicht nur der Blick in die Geschichte zeigt jedoch, wie ganze Wertesysteme oder Werteanschauungen in Windeseile gekippt werden können, wenn nur die richtige „Meute" dahintersteht! Jeden Tag können wir erleben, wie Meinung „gemacht" wird und wie sehr sie sich anschließend verselbstständigt, sei dies im Sandkasten, in der Schule, im Verein, am Arbeitsplatz oder im

Altersheim. Es ist für die Allgemeinheit ungemein schwer, jede Meinung kritisch zu hinterfragen. Der Höllenlärm von Information, Halbwissen und Verunsicherung lässt oft genug den kritischen Frager als den vermeintlichen Verlierer in einem Gespräch erscheinen. Mutiges Hinterfragen wird für den Einzelnen zusätzlich dadurch erschwert, dass oft jene Ecke, die eine Gewinnmöglichkeit für sich darin erkannt hat, die möglichen Antworten beeinflussen zu können, Vorschläge zur „richtigen" Hinterfragung schon gleich mitliefert.

Wir alle würden sehr gerne ein „in der Sache nicht verletzbarer" Hinterfrager sein und richtige und faire Antworten finden, damit wir dann in unserem Sinne positiv auf die Gestaltung der uns umgebenden Gesellschaft einwirken. Es erscheint mir dabei nicht wirklich wesentlich, ob wir diesen Weg der Hinterfragung und Antwortfindung ganz alleine oder aber beeinflusst durch eine von uns ausgesuchte Gruppe ähnlich Denkender beschreiten. Es bleibt immer unsere Entscheidung, von welchem Gedankengut wir uns beeinflussen lassen. Dies ist ja der Beginn des „politischen Entscheidens" und jeder Einzelne von uns steht als Antwortsuchender ganz folgerichtig mit an dessen Anfang. Ein entscheidender Moment dabei ist, dass der Einzelne sich sehr wohl einen Stellvertreter (zur weiteren oder tiefgründigeren Hinterfragung und Antwortfindung) wählen darf, denn damit beginnt die politische Auseinandersetzung in einer Volksvertretung. Ein Parlament ist der Ort, an den wir unsere Vertreter entsandt haben, um die Auseinandersetzung mit Sachthemen, deren Hinterfragung und die dafür nötige Wegbestimmung (also politische Lenkung …) für uns vorzunehmen. In genau diesem politischen Entscheiden erwarten wir nun auch die ständige Sichtbarkeit des Ziel und Weg formenden Hinterfragens, die Einbindung von Wissensträgern und die (Heraus-)Forderung all dessen durch unabhängige Berichterstattung. Diese Erwartung wird heute aber nicht mehr erfüllt, das beschreibt gerade ihr mir immer wieder aufs Neue. Ich weiß, es liegt nicht daran, dass ihr nicht zuhören wollt oder könnt. Es liegt daran, dass die „Starken" in unserer Gesellschaft sich von der Mehrheit der „Schwachen" abgewandt haben und politische Erläuterung für Zeitverschwendung auf dem Weg zur dauerhaften Erhaltung ihrer Reichtümer halten.

Ihr müsst euch nämlich vor Augen führen, dass sich unsere Gesellschaft zunächst ja „ganz natürlich" aus einer Summe von wenigen starken und mehrheitlich schwachen Mitgliedern zusammensetzt. Wobei „stark sein" nicht nur bedeutet finanziell erfolgreich zu sein, sondern auch stark an gesellschaftspolitischem Einfluss. Und wobei „schwach sein" nicht nur bedeutet finanziell wenig erfolgreich oder gar bedürftig zu sein, sondern auch gesellschaftspolitisch leicht beeinflussbar. Ich glaube aber gleichzeitig genau spüren zu können, dass die Bereitschaft der starken Mitglieder der Gesellschaft zu sozialer Umverteilung zugunsten schwacher Mitglieder der Gesellschaft direkt mit der Verteidigung und Aufrechterhaltung gewisser gesellschaftlicher Grundwerte zusammenhängt. Das hat etwas mit der Psyche des Menschen, ich würde fast sagen, mit seinem Instinkt zu tun. Es sind diese Grundwerte, denen sich die Starken unterwerfen können, es sind nicht die Schwachen oder Bedürftigen an sich, denen sie sich unterwerfen würden, könnten oder werden. Die Bedeutung dieses Wechselspiels kann gar nicht deutlich genug betont werden: Nur wenn sich die Gesellschaft stark, durchsetzungsfähig und wehrhaft zeigt, wird sie soziale Umverteilung zu Lasten der Starken vornehmen können. Man könnte auch sagen, nur dann würde die zu ihren Lasten gehende Umverteilung von den starken Mitgliedern der Gesellschaft überhaupt erst erlaubt (toleriert) werden. Deshalb kommt beispielsweise dem Missbrauchsschutz im Rahmen von sozialer Umverteilung eine solch zentrale Bedeutung zu. Denn einer der Grundpfeiler sozialer Umverteilungsberechtigung muss auf einer sichtbaren Gegenleistung der Leistungsempfänger gegenüber dem sie unterstützenden Teil der Bevölkerung basieren! Unterstützung zu gewähren oder zu bekommen muss eine Verbesserung der Verhältnisse erwarten lassen, nicht etwa das Gegenteil. Von diesen Zusammenhängen haben wir uns aber in den letzten Jahrzehnten ziemlich weit entfernt. Dies müssen wir rückgängig machen, wenn wir wieder die Mitverantwortung aller verwirklichen wollen.

Aber folgt mir bitte noch zu einer weiterführenden Behauptung, auch wenn euch diese provozierend erscheinen mag: Die gesellschaftliche Bereitschaft zu sozialer Umverteilung und das Gespür der Allgemeinheit für

Gerechtigkeit sind auf jeden Fall ganz eng miteinander verwandt! Nur weil es als zu mühsam empfunden wird, das Prinzip der gesellschaftlichen Gegenleistung zuverlässig und sorgsam in die Tat umzusetzen und dabei äußerst peinliche und mitunter kompromittierende Fehler zu riskieren, heißt das noch lange nicht, dass darauf verzichtet werden darf. Ich glaube auch, dass wir damit einem Kernpunkt des gegenwärtigen Problems ausgesprochen nahekommen: der Angst, bei der Umsetzung berechtigter gesellschaftlicher Forderungen eventuell auch hier und da das Geschehen von Unrecht nicht ausschließen zu können. Doch darf uns das nicht lähmen, sondern diese Angst muss uns lediglich (und erst recht) zu besserer und klügerer Vorgehensweise anspornen. Eine Lösung von Problemen liegt niemals im Rückzug aus der Verantwortung oder im Verharren in Untätigkeit oder Unrecht. Lösungen sind immer und einzig allein in einer ständigen Verfeinerung des Bestehenden, Verbesserung des Angewandten und eventuell einfallsreichen Neugestaltung zu suchen.

Gesellschaft darf und soll fordern, sie soll Gegenleistung erwarten dürfen und sie soll sich vor Missbrauch schützen, wo immer es geht. Sie soll dies klar, nachvollziehbar, offenkundig und zielstrebig tun, ohne sich von der Angst vor Fehlern bremsen zu lassen. Angst ist nur angebracht, wenn im Irrtum beharrt wird oder wenn es an unabhängiger Kontrolle der gesellschaftlichen Ahndung (also der Art, in welcher sich eine Gesellschaft „zur Wehr setzen" darf) fehlt. Es ist daher an uns allen, ein Fangnetz zu schaffen, in dem auch eine – schlimmstenfalls – „um sich schlagende" Allgemeinheit den Einzelnen nicht zum Opfer macht. Falls dies, wenn auch nur zeitweise oder aus mangelnder Übersicht, doch mal eintreten sollte, dann muss eine sofortige Verbesserung der Situation und eine Aussöhnung angestrebt werden. Den erwähnten Krug Wasser kann man nicht einfach vom Tisch stoßen, nur weil man sich fürchtet, unter Umständen am Problem einer der Bedürftigkeit gerecht werdenden Verteilung zu scheitern. Auch gesellschaftliches Handeln beinhaltet die Möglichkeit, sich durch Versuch und Irrtum langsam einer bestmöglichen Lösung anzunähern. Wir müssen unsere Möglichkeiten nur nutzen. Die Angst vor dem Versuch einer solchen Annäherung ist ebenso gefährlich wie unberechtigt.

Ihr werdet mir sicher zustimmen, dass es ein tief menschliches Bedürfnis ist, sich innerhalb einer Gemeinschaft wohlfühlen zu wollen und sich an diese anlehnen zu können, ja sogar darin unentdeckt zu bleiben und in Ruhe gelassen zu werden. Aber gesamtgesellschaftlich betrachtet ergibt sich daraus ein durch alle Einzelnen mitgetragener Hang zur Vermeidung von Auseinandersetzungen und zur Flucht vor den Bedingungen möglicher Problemlösungen. Angesichts der schon begonnenen „neuen Verteilungs-kämpfe" und der tiefen sozialen Risse in der modernen mitteleuropäischen Gesellschaft mit Beginn der globalen Finanz- und Gesellschaftskrise Ende des vergangenen Jahrzehnts wird eine weitere Vermeidung dringend not-wendiger Reformen den sozialen Frieden für immer zerstören. Davon bin ich fest überzeugt. Noch können wir die drohende Selbstzerfleischung un-serer Gesellschaft (vielleicht mühelos) verhindern, aber wir müssen endlich damit beginnen, uns ein selbstehrliches Bild vom wahren Stand der Dinge zu machen. Nur aus einer nüchternen und schonungslosen Betrachtung der gegenwärtigen Verhältnisse kann genug Betroffenheit entstehen, um breite Bevölkerungsteile zu alarmieren und in eine gemeinsame Ausein-andersetzung und Wegbestimmung einzubinden.

Brief zwei

Gesellschaft und politische Mehrheiten oder:
„Von Mitbestimmung und Mitverantwortung"

Ihr habt oft beschrieben, dass aus eurer Sicht die Freiheit des Einzelnen und die Entscheidungsgewalt des Volkes in Mitteleuropa eine Selbstverständlichkeit sein sollte und es doch nicht schwer sein kann, diese dauerhaft zu gewährleisten. Einige Länder beschäftigen sich immerhin schon seit Hunderten von Jahren damit, und selbst die Neuankömmlinge in dem, was wir als „des Volkes Mitbestimmung (oder Demokratie)" bezeichnen, wissen meist schon nach kurzer Zeit, was damit gemeint ist: das durch Jahrhunderte von Leid und Schmerz durch unsere Vorfahren erkämpfte Recht auf Selbstbestimmung des Einzelnen; das Recht des Einzelnen, sich durch das Wählen eines Vertreters in dieser Selbstbestimmung repräsentiert zu sehen. Dieses Recht bezeichnen wir oft auch als „Freiheit" oder als unser „höchstes Gut". Allerdings dürfen wir nicht vergessen, dass dadurch im Zentrum der Mitbestimmungsidee das bewusste Aufgeben der eigenen Freiheit steht, denn wir verzichten ja auf die eigene Selbstbestimmung, indem wir sie – zumindest für einen bestimmten Zeitraum – auf jemand anderen übertragen. Ich glaube, wir wären in den letzten Jahrzehnten um einiges wachsamer gewesen, wenn die Denk- und Gestaltungsfaulheit jedes Einzelnen dieses entscheidende Verständnis nicht immer mehr verdrängen würde. Wir müssen uns wieder vermehrt vor Augen führen, dass das ganz bewusste Aufgeben der Freiheit des Einzelnen, dieses höchsten aller Güter eben, schließlich erst die Basis für eine gemeinsame politische Mitverantwortung schafft.

Gesellschaftliches Zusammenleben erfordert also von uns das Aufgeben dessen, was uns als das höchste Gut erscheint, nämlich die allumfassende persönliche Freiheit. Es schränkt – und dies ja gewollt und aus gutem Grund – diese Freiheit gewaltig ein und erschafft ein unendliches Regelwerk, um innerhalb dieser Gemeinschaft dem Einzelnen so viel Freiheit wie irgend möglich zu lassen. Über dieses Regelwerk, seine Inhalte, seine

Verwaltung, seine Durchsetzung und laufende Betreuung entscheiden wir in regelmäßigen Abständen an der Wahlurne. Das und nichts anderes ist politische Mitverantwortung: Viele Einzelne übertragen den Großteil ihrer Selbstbestimmung auf jemand anderen, weil sie die Hoffnung und das Vertrauen haben, dass dieser andere das gesellschaftliche Regelwerk in ihrem Sinne beaufsichtigt und gestaltet. Doch was ist eigentlich heutzutage von diesem grundsätzlichen Verständnis noch übrig geblieben? Irgendwie nicht mehr viel, oder?

Diese anderen, denen wir einen Großteil unserer Selbstbestimmung übertragen haben, führen nämlich, wie nicht anders zu erwarten, ein ziemliches Eigenleben. Mitunter sind sie dabei recht weit von dem entfernt, was sie uns ursprünglich versprochen haben, als sie sich darum beworben haben oder von uns ausersehen wurden, diese unsere Selbstbestimmung übertragen zu bekommen. Ihr habt mich immer wieder gefragt, warum das so ist oder wieso uns das unvermeidbar erscheint und von uns als Mehrheit einfach hingenommen wird. Ich meine, dieses liegt hauptsächlich daran, dass es heute vermeintlich als Notwendigkeit gilt, in einem politischen Geschehen Koalitionen (Mehrheiten) bilden zu müssen, um das politische Funktionieren in Gang zu halten. Diese vermeintliche Notwendigkeit entfremdet die Volksvertreter spürbar von jenen, die sie gewählt haben, und lässt schon nach kurzer Zeit eine klare Linie in der Politik vermissen, denn jede dort eingegangene Paktierung verwässert ganz automatisch den eigentlichen Wählerauftrag. Nach einer gewissen Zeit können viele dann nicht mehr erkennen, wo die von ihnen erlaubte Übertragung ihrer Selbstbestimmung im politischen Alltag denn zu finden ist, und wenden sich vom politischen Geschehen ab, indem sie nicht mehr wählen. Dabei bilden diese Nichtwähler in zunehmendem Maße eine immer stärker werdende politische Kraft, nämlich die der „Nicht-mitentscheiden-Wollenden". Dies wird mit der Zeit zu einer großen Gefahr für die Mitbestimmung (also für unsere Demokratie), denn das gesamtgesellschaftliche Verständnis dafür, in welchem ursächlichen Zusammenhang eine politisch mitverantwortete Entscheidung steht, kommt unwiederbringlich abhanden.

Aber Wähler können und werden mittelfristig keine politische Wirklichkeit unterstützen, in der sich ein Haufen Gruppierungen verbündet, um dann zusammen doch nichts weiterzubringen oder die sich gegenseitig schachmatt setzen. Dies erlauben Wähler nur, solange ihnen egal ist, „was die Politiker machen" (erlauben also vor allem die Nichtwähler), sobald aber zu viel persönliche Verunsicherung im Alltag entsteht, sucht die Wählerschaft nach neuen Botschaften. Wenn sie solche gefunden zu haben glaubt, will sie deren schnelle und entschlossene Umsetzung. Dieser Umstand ist gerade in Mitteleuropa geschichtlich mehr als deutlich belegt, da braucht ihr nur den Sieg des Faschismus oder Nationalsozialismus über die demokratischen Parlamente Deutschlands und Italiens Anfang der dreißiger Jahre als Beispiel zu nehmen. Es wird meiner Meinung nach daher, wenn die Verunsicherung der Wählerschaft groß genug geworden ist, in den jeweils anstehenden nächsten Wahlen in Mitteleuropa zu einer klaren Mehrheit für eine bestimmte „neue" Richtung kommen. Meine Befürchtung ist, dass diese „neue" Richtung sich in einer ganz anderen Kraft als jener der heute weitläufig bekannten politischen Kräfte bündeln wird. Dies muss nicht sofort geschehen, ich glaube, es wird eher eine sprunghafte Entwicklung sein, wenn eine solche neue Meinungsbildung denn einmal in Fahrt gerät. Warum also die momentan mitentscheidenden politischen Kräfte in Untätigkeit verharren, ist nur mit politischer Ideenlosigkeit und allgemeiner Sättigung zu erklären.

Dabei lohnt es sich wirklich, die heutige Istsituation etwas genauer und nüchterner zu betrachten: Ich kann mich des Eindrucks nicht erwehren, dass die vorhandenen Volksvertreter geradezu auf einen „Anschlag" gegen die Demokratie warten. Es fällt ihnen im Moment zwar nichts Neues mehr ein, müssten sie sich aber gegen einen Übergriff von links oder rechts wehren, würde das natürlich ihre politische Lebenserwartung spürbar verlängern und zudem, so scheint man zu hoffen, das Wählervolk mal so richtig wach rütteln. Eine solche Haltung ist aber sehr gefährlich, denn erstens würde dieser Anschlag auf die demokratische Mitte auch von den bisherigen Nichtwählern mitgetragen (als der heute im Prinzip „stärksten" politischen Gruppierung …) und zweitens wäre er viel zu gewaltig, um sich dagegen mit herkömmlichen Mitteln wappnen zu können. In dem Moment, in dem eine klare politische Botschaft (so gefährlich sie für unser demokratisches Zusammenleben auch sein möge …) die Nichtwähler veranlasst, zurück an die Wahlurne zu gehen, werden sich die Mehrheitsverhältnisse zwangsweise erdrutschartig verschieben. Leider scheint es für uns alle ungemein schwer zu sein, aus der Vergangenheit zu lernen. Wir verharren in einer Fehleinschätzung der Lage und glauben, sie mit bekannten Mitteln „entschärfen" zu können. Dabei steht Mitteleuropa meiner Meinung nach längst im Vorfeld einer sozialen Revolution. Was ja an sich nicht schlecht, ja im Prinzip sogar gewollt wäre, wenn es den bestehenden Parteien der Mitte gelingen würde, diese Revolution anzuführen. Sollten sie das aber nicht schaffen, wird dieser Vorgang unkontrollierbares Leid über uns alle bringen. Dann wird diese Revolution zur „Bestie" und es wird nicht nur soziale Neuordnungen geben, wir werden auch an Eigentumsrechten und vor allem an freiheitlicher Selbstbestimmung verlieren.

Lasst mich versuchen, an dieser Stelle eine gewisse Form von Bestandsaufnahme der politischen Inhalte vorzunehmen, so wie ich sie sehe, damit ihr meine daraus gezogenen Schlussfolgerungen nachvollziehen könnt: Zu keiner Zeit der demokratischen Geschichte Mitteleuropas gab es ein böseres und nachhaltigeres Erwachen einer Mittelschicht aus scheinbar garantiertem gesellschaftlichem Überfluss und gefühlter Sättigung wie heute, einer Mittelschicht, die noch dazu auf ein solches Erwachen in keinster Weise vorbereitet ist und keinerlei Bewältigungsstrategien besitzt. Und niemals zuvor hat eine solche Mittelschicht den politischen Auftrag an ihre Volksvertreter gleichzeitig für sinnloser gehalten als heute. Aber die schlafenden Riesen, die kurz vor dem Aufwachen stehen und zum Teil bereits aufgewacht sind, bestehen diesmal nicht nur aus der Mittelschicht, sie bestehen zum ersten Mal auch aus weiten Teilen einer elektronisch zwangsberuhigten Unterschicht. Das macht diese Riesen so gefährlich. Die heute wirklich vermittelten und jederzeit von diesen Riesen erinnerten politischen Inhalte sind die von Vetternwirtschaft, Bestechung, Amtsmissbrauch und am Nasenring durch Industrie- oder Interessensverbänden herumgeführten Volksvertretern, gleich welcher Parteienrichtung sie auch angehören. Es ist wohl durchaus eine berechtigte Sorge, was denn wirklich als politischer Inhalt übrig bleiben wird, wenn einmal der Strom für die elektronische Beruhigung ausfällt.

Diese Bestandsaufnahme lässt sich fortsetzen, man kann aber auch stattdessen gleich ganz vernünftige Verbesserungsvorschläge machen: Zum Beispiel ist die Verbindung zwischen dem Wahlgang an der Urne und dem, was sich dann in der Politik tatsächlich abspielt, völlig verloren gegangen. In der Wahlwerbung und der Trommelei der Kandidaten sieht sich der Einzelne einer, auch noch durch ihn selbst (über die Wahlkampfkostenrückerstattung …) bezahlten, Luftveranstaltung gegenüber, davon können auch noch so viele Luftballons in Parteifarben nicht ablenken. Parteien oder Kandidaten können nicht durch Steuergelder finanziert werden, dies ist meiner Meinung nach ein grober Unfug. Parteien sollten sich ausnahmslos durch Mitgliedsbeiträge und genau überwachte, in der Höhe begrenzte und offengelegte private Spenden finanzieren, durch nichts sonst! Wenn Kandidaten bei ihren Volksreden Eintritt verlangen müssen, um die Platz- oder Hallenmiete zu zahlen, dann ist das direkte Demokratie (Abstimmung durch Erscheinen …) und nicht etwa eine unzumutbare Forderung an den Kandidaten. Es kann keine Finanzierung von Parteien durch „Nichtprivate" geben. Die Überwachung der Parteienfinanzierung sollte von einem unabhängigen Rechnungshof durchgeführt werden und diesem sind dabei weitgehende Untersuchungsrechte einzuräumen.

Politische Leistung im heutigen Mitteleuropa ist für mich leider noch nicht einmal mittelmäßig. Sie wird geprägt von denen, welche Zugang zu ausreichenden Finanzmitteln oder Medien haben, manchmal unheilvollerweise zu beidem. Das macht sie zusätzlich gefährlich. Sie ist schlecht bezahlt, was einer der Hauptgründe für ihre Mittelmäßigkeit ist. Wenn wir eine unbestechliche und selbstlose Leistung wollen, dann müssen wir als Wähler dafür sorgen, dass sich unsere Vertreter nicht bestechen lassen müssen oder dafür anfällig werden. Es ist menschlich, dass an Schaltstellen von Macht und Geld die Tendenz zur „Anfütterung" (eine wunderbare Worterfindung aus Österreich …), Vorteilsannahme und Hoffnung auf spätere Versorgung eine große Rolle spielen kann. Deshalb sind zum Beispiel die Gehälter von Mitarbeitern einer Spielbank oder bei Vertrauensstellungen in Unternehmen überdurchschnittlich hoch. Die Betreiber oder Unternehmer machen das nicht aus Verschwendung, sondern weil sie hoffen, solche Mitarbeiter dadurch weniger anfällig für allzu menschliche Schwächen zu machen. Und weil sie dadurch ein Zeichen setzen: „Achtung, hier habe ich jetzt aber auch das Recht auf überdurchschnittliche Kontrolle und Offenlegung!" Nichts anderes gilt in der Politik. Natürlich muss sich niemand bestechen lassen oder aber sein Amt missbrauchen, in die Kasse greifen oder sich vorsätzlich dumm stellen und wegschauen. Aber die Gefahr besteht nun mal und deshalb gehört politische Arbeit erstklassig bezahlt und schonungslos kontrolliert.

Meine Vorschläge reichen aber noch viel weiter: Die Gesellschaft muss sich in die Lage versetzen können, eine menschlich begründete Auswahl unter ihren Vertretern zu treffen, sie muss mehr wissen und erfahren über jene Personen, denen sie ihre Vollmachten überträgt. Wir brauchen keine Volksvertreter, die über einen mehr oder weniger zusammengelogenen Lebenslauf verfügen und schon im Sandkasten angeblich niemandem etwas zuleide tun konnten oder halt den Rauch einer Haschzigarette selbstverständlich nicht inhaliert, geschweige denn jemals ein wirkliches wirtschaftliches Risiko getragen haben. Im Gegenteil: Die Eigenschaften, die wir brauchen, haben mit Ehrlichkeit, Selbstehrlichkeit, Verlässlichkeit und Gradlinigkeit zu tun, nicht mit Duckmäusertum. Menschen machen Fehler, sie lernen – hoffentlich – aus diesen Fehlern und gehen geläutert aus ihren Krisen hervor, und auch das gibt ihnen das Zeug, uns zu vertreten. Es kann nicht sein, dass wir nachträglich mit ansehen müssen, wie ein Politiker, der während seiner Amtszeit entscheidenden Einfluss auf ein Unternehmen hat, genau in jenem Unternehmen im Anschluss an diese Amtszeit eine hochbezahlte Stellung annimmt. Dann hat die Gesellschaft diese Person nicht ausreichend immun gemacht oder sollte von einem Recht auf Verbot dieser Tätigkeit Gebrauch machen können. Wer uns vertritt, muss sich diese Befugnis der Gesellschaft gefallen lassen, dafür wird er hochbezahlt und bis ans Lebensende versorgt. Für die Allgemeinheit ist dies immer billiger als Bestechung, Betrug oder Vorteilsannahme.

Allerdings ist auch das Heranbilden von politischen Führungseliten (zum Beispiel in einer Schule oder einem Studium …) von vornherein zum Scheitern verurteilt, weil die Gesellschaft erst durch die erlebte oder glaubhafte und nachvollziehbare persönliche Geschichte des Einzelnen diesem seine Handlungsbefähigung erteilt. Volksvertretung lässt sich nicht lernen, auch wenn Berufspolitiker das immer wieder gerne behaupten. Was sich aber durchaus wirklich erlernen lässt, ist, was man der Allgemeinheit zumuten darf und was nicht. Nichts untergräbt die Glaubwürdigkeit und das Vertrauen in die Rechtmäßigkeit politischer Vertretung mehr als die Verschleppung von gesellschaftlicher Ahndung, mangelnde Aufklärung von Missständen oder zögerliche Entscheidung. Es müsste in unserer momentanen Situation eigentlich darum gehen, ganz neue und überraschende Konzepte zu erfinden und auszuprobieren, denn dass unser bisheriges Handeln nicht mehr funktioniert, wissen wir mittlerweile. Der Politik, so wie sie die breiten Gesellschaftsschichten tagtäglich erlebt, wird sowieso nicht mehr wirklich vertraut und geglaubt. Worauf warten wir also?

Natürlich werden wir bei dem Versuch, „den Karren aus dem Dreck zu ziehen", Fehler machen, vielleicht sogar gewaltige. Aber wenn wir weiter unsere Probleme vor uns herschieben und die Allgemeinheit belügen, dann verbreiten wir nichts weiter als hektische Betriebsamkeit und machen unnötigen Lärm. Denn „im Dreck steckt er, der Karren", und wenn wir uns dem stellen, dann finden wir auch Mittel und Wege, um uns aus dieser Lage zu befreien. Die tatsächlich handlungsfähigen Persönlichkeiten in Mitteleuropa haben sich schon viele Jahrzehnte nicht mehr mit Politik abgegeben, sie haben es vorgezogen, unterzutauchen und sich mit etwas anderem zu beschäftigen. Das politische Geschehen ist in den vergangenen Jahrzehnten Zug um Zug in die Mittelmäßigkeit abgerutscht, während gleichzeitig der Siegeszug des Kapitalismus ungeahnte Verdienstmöglichkeiten für die Eliten an anderer Stelle ermöglicht hat. Wir alle wissen aber, wer um uns herum eine solche handlungsfähige Persönlichkeit ist oder doch zumindest sein könnte, denn wir kennen den ehrlich engagierten Mitarbeiter, Unternehmer, Freiwilligen im Verein oder in der sozialen Hilfeleistung. Deshalb wissen wir auch, dass diese in der Mehrheit nicht zu unseren heutigen Volksvertretern zählen. Wenn wir diesen Umstand ändern wollen, müssen meiner Meinung nach zwei Dinge passieren: Erstens müssen wir unsere Forderung an die Qualität der Politik und Politiker erhöhen und diese auch mit entsprechenden Mitteln ausstatten. Zweitens muss den handlungsfähigen Personen die Dringlichkeit der Lage noch viel deutlicher werden, indem wir sie ansprechen und um Rat und Hilfe fragen. Erst dann können wir wirklich etwas bewegen. Das heißt dann aber auch, dass politische Vorgänge wieder mehr in die Hände ganz bestimmter handlungsfähiger Personen gelegt werden müssen.

Das „Sich-einmischen-Müssen" steht außer Frage, es sei denn, man will die Steuerungsfähigkeit dieser so dringend nötigen sozialen Revolution aus der Hand geben. Dazu muss man sich die Situation der gesellschaftlichen Mehrheit nochmals vergegenwärtigen: Fast drei Viertel der Allgemeinheit haben Angst vor dem sozialen Abrutsch. Es ist nicht (und war auch nie …) die Aufgabe und liegt nicht in den Möglichkeiten dieses größten Teils der Allgemeinheit, seine Mitverantwortung an der momentanen Krise des Sozialstaates zu begreifen. Man braucht sich deshalb nicht mit irgendwelchen Belehrungen aufzuhalten, diese würden auf kein Verständnis stoßen. Es regt sich tiefes Unbehagen und die Verunsicherung ist riesengroß, also werden Randgruppen der Gesellschaft gesucht, die man verantwortlich machen oder doch zumindest bestrafen kann, es wird Eigentum und Besitz in Frage gestellt, denn wer immer weniger hat, der schaut ganz automatisch auf den, der „zu" viel hat und anscheinend in der Lage ist, immer noch mehr anzuhäufen.

Gleichzeitig haben wir für das Ausmaß der gesellschaftlichen Bedürfnisweckung und die Unzufriedenheit, wenn ein solches Bedürfnis nicht gestillt oder befriedigt werden kann, keinerlei geschichtliche Beispiele. Wir wissen daher nicht, was an sozialen Spannungen die notwendige Berichtigung dieses privaten Verbrauchs hervorrufen wird. Es gab eben vor vierzig Jahren keine Bedürfnisweckung rund um die Uhr und es gab auch keine elektronisch ruhig gestellten Bevölkerungsteile. Es gab vor allem keine private Verschuldung in der heute bekannten Form und Höhe. Weite Teile der Allgemeinheit reden nicht miteinander, sie schauen zwar voneinander ab, beneiden sich und wollen alles, was der andere auch hat, aber sie sind nicht im Gespräch miteinander. Noch nicht einmal innerhalb ihres Arbeits-, Bekannten- oder Freundeskreises, ja mitunter noch nicht einmal innerhalb der gleichen Familie oder des gleichen Haushaltes. Die ständige Medienberieselung und unsere Tendenz, uns von den Medien ablenken zu lassen, sind schlicht und ergreifend „gesprächsverhindernd". Man kann daher durchaus annehmen, dass der Punkt einer gesellschaftlichen Gegenbewegung vielleicht schon längst erreicht worden ist, wir uns bezüglich dieser Gegenbewegung aber untereinander durch die allgemeine Betäubung und Geprächsleere einfach noch nicht verständigen konnten. Daher befürchte ich, dass eine solche Bewegung, wenn sie einmal in Fahrt kommt, mit einer bislang unbekannten Wucht daherkommen wird.

Es muss also von wirklich handlungsfähigen Personen weiten Teilen der Gesellschaft ein neues und schnell begreifbares politisches Angebot gemacht werden, etwas, das in der Lage ist, den aufkommenden Gesprächsbedarf zu befriedigen, und das gleichzeitig tragfähige Lösungsmöglichkeiten vorweisen kann. Ein solches Angebot kann nur in einer Neugestaltung der sozialen Umverteilung bestehen, bei gleichzeitiger Erhöhung ihrer Durchsetzbarkeit und Verteidigungsfähigkeit. Man kann gesellschaftlicher Angst und Unsicherheit nicht mit guten Worten oder Zögerlichkeit begegnen, dies geht nur mit Taten und den daraus resultierenden, für alle nachvollziehbaren Veränderungen. Versäumt man das, so sind die Ergebnisse der dann folgenden Panik höchstwahrscheinlich von erschreckender Tragweite für das freie Miteinander aller. Obwohl wir in einigen Staaten Südeuropas bereits sehen können, wie zornig sich eine Bevölkerung in Panik verhält, glauben wir immer noch, in Mitteleuropa würde alles friedlich ablaufen. Das ist ein Fehler und die Zeit, ihn zu berichtigen, läuft unwiederbringlich ab.

Politische Bauernfängerei ist nur durch eine klare politische Botschaft und ein auch wirklich durchsetzbares politisches Versprechen zu bekämpfen. Der Einzelne (also der Wähler …) wird meiner Meinung nach seine Vertreter danach auswählen, ob sie im Krisenfall und in der Not ein solch neues politisches Versprechen zuwege bringen, er wird denjenigen sein Vertrauen schenken, die ein glaubwürdiges und nachvollziehbares Konzept vorlegen und in der Vergangenheit bewiesen haben, dass sie in Krisen handlungsfähig sind. Deshalb ist die Transparenz und Offenlegung des Werdegangs potenzieller Volksvertreter so wichtig. Die Volksvertretung kann dem Einzelnen dafür sehr viel abverlangen, manches zeitweise, manches für immer, aber sie muss sich dem stellen, denn sonst werden unheilvolle Kräfte ein leichtes Spiel haben. Es ist die immerwährende Aufgabe jener, die noch gesellschaftlich handlungsfähig sind, sich als Volksvertreter aufstellen zu lassen und Mitbestimmung und Mitverantwortung zu steuern. Davor gibt es kein Davonlaufen, nicht zuletzt deshalb, weil jede andere Möglichkeit genau jene am empfindlichsten treffen wird, die bisher glaubten sich heraushalten zu können. Gesellschaftliches Gestalten geht nie zu Ende, weil es ein fortwährendes und sich in seinen Notwendigkeiten immer wieder veränderndes Vorgehen ist. Wenn wir aber das Vertrauen in unsere eigenen Gestaltungsmöglichkeiten und Bewegungsfreiheiten verlieren, dann halten wir nicht nur inne, sondern dann bewegen wir uns zurück in die Sklaverei.

Brief drei

Gesellschaft und ihre Verantwortung oder:
„Von der Notwendigkeit zur Vorsorge"

Der große Vorteil am Zusammenschluss Einzelner zu einer Gemeinschaft ist, dass dieser Zusammenschluss zu besseren Lebensbedingungen für die überwältigende Mehrheit dieser Einzelnen führt und hier im Besonderen zur Möglichkeit eines Gemeinwesens, bessere Vorsorge für diese Einzelnen gewährleisten zu können. Ich bin sicher, dass ihr diesen Punkt sofort erkennen könnt, denn wenn Einzelne lediglich auf sich selbst gestellt blieben, könnten sie unmöglich die ganze Bandbreite an notwendiger Vorsorge abdecken. Deshalb empfinden wir es als eine deutliche Verbesserung unserer Lebensbedingungen, wenn wir innerhalb einer Gemeinschaft erkennen können, dass eine ausreichende und überlegte Vorsorge betrieben wird. Die bei weitem wichtigste Verantwortung innerhalb einer mitteleuropäischen Gesellschaft kommt daher der Aufrechterhaltung ihrer Fähigkeit zu dieser umfassenden Vorsorge zu.

Denn Versorgung ist ohne Vorsorge nicht möglich, so wie auch die Verteidigung gesellschaftlicher Werte indirekt von der Vorsorgefähigkeit und Verlässlichkeit dieser Gesellschaft abhängig ist. Aber die große Bedeutung von Vorsorge innerhalb des gesellschaftlichen Alltages ist noch bei weitem sichtbarer, wenn ihr euch vor Augen führt, inwieweit eine aufrichtig vorsorgende Gesellschaft tatsächlich auch „machtvoll" bleibt und dadurch ihre eigene Steuerungsfähigkeit sicherstellt, also die Möglichkeit behält, ihr zukünftiges Schicksal einem Mehrheitswillen folgend auch wirklich selbst bestimmen zu können. Eine Mehrheit wird sich in einer Gemeinschaft als nicht ausreichend versorgt empfinden, wenn diese zuvor beispielsweise ihre Hoheit über Energiegewinnung (und damit deren Nachhaltigkeit, Preisgefüge und Verfügbarkeit) in die Privatwirtschaft abgegeben hat. Diese Gemeinschaft verliert dann zwangsläufig am Rückhalt für die inneliegenden Werte dieser Gesellschaft, denn niemand wird langfristig unterstützen wollen, was ihn nicht versorgen kann. Versorgung ist nicht nur eine Frage der Verlässlichkeit sozialer Infrastruktur, sie ist eine Frage der Lenkbarkeit sozialer Umverteilung.

Soziale Umverteilung ist eine immerwährende Anstrengung, die vor allem steuerbar bleiben muss. Das ist sie nur, wenn wesentliche Mittel zur gesellschaftlichen Vorsorge in der öffentlichen Hand bleiben. In den letzten Jahrzehnten haben wir durch unsere politische Lenkung mehr und mehr von dieser Vorsorgeverantwortung aus der Hand gegeben, was zu ihrem heutigen Zustand geführt hat: Die mitteleuropäische Gesellschaft ist im Moment weder dauerhaft vorsorgefähig, noch ist sie sich der gesellschaftserhaltenden Bedeutung ihrer Verpflichtung dazu bewusst.

Vorsorge treffen heißt nicht nur, für die laufenden Ausgaben oder Leistungen einer Gesellschaft ein gesundes Fundament bereitstellen zu können, es heißt auch, für eine Reihe von wahrscheinlichen Ausgaben oder Leistungen genug Reserven zu schaffen. Das heißt vor allem, niemals jene Macht- oder Gestaltungsmittel aus der Hand zu geben, mit denen eine Gemeinschaft die Machbarkeit oder Leistbarkeit solcher wahrscheinlicher Ausgaben und Leistungen in der Zukunft beeinflussen kann. Die momentane Gewährung von Privateigentum an gesellschaftlichen Vorsorgeinstitutionen, insbesondere der Altersvorsorge, und das damit unweigerlich verbundene Gewinnstreben der Privatwirtschaft, untergräbt die vom Wähler an der Wahlurne übertragene gesellschaftliche Macht nicht nur, sie kann auch die spätere Lenkung oder Steuerung innerhalb dieser Vorsorgeinstitutionen unter Umständen unmöglich machen. Deshalb muss die Gesellschaft überall dort, wo sie keinen entscheidenden Einfluss auf die Vorsorge hat, diesen Einfluss schnellstmöglich wiederherstellen. Der Rückzug der öffentlichen Hand aus ihrer Vorsorgeverpflichtung ist eine gesellschaftliche Katastrophe, denn sie führt zum Gegenteil von dem, was ihr eigentlicher Zweck ist, nämlich bessere Lebensbedingungen für die große Mehrheit ihrer einzelnen Mitglieder zu schaffen und die Werte dieser Gesellschaft aktiv gestalten, verteidigen und beeinflussen zu können.

Lasst mich deshalb ausführen, was ich unter Vorsorge alles verstehe: Die Allgemeinheit muss so vorsorgen, dass sie ihrer Versorgungsverpflichtung jederzeit nachkommen kann und die Letztkontrolle über die Gestaltung dieser Versorgung vor allem in den Bereichen Erziehung, Bildung, Krankheit, Schwäche, Pflege und Alter behält. Das bedeutet also, nicht nur für die Deckung der laufenden Ausgaben zu sorgen, sondern vor allem das Wesen und Ausmaß dieser Versorgung innerhalb der sozialen Umverteilung jederzeit neu ausrichten und flexibel handhaben zu können. Versorgungsleistungen sind nun mal keine feste Größe, sie bleiben nicht immer gleich und sind in ihrer Entwicklung nicht berechenbar. Die Allgemeinheit muss daher immer wieder aufs Neue festlegen können, was denn eine notwendige Versorgungsleistung ist, wie hoch diese ausfallen soll und wer berechtigt ist, sie zu erhalten. Nachdem die Vorsorge für die Grundversorgung größtenteils bereits in das private Versicherungswesen abgeschoben wurde (so zum Beispiel in der Alterssicherung, Berufsunfähigkeit oder Rechtshilfe) bzw. die öffentliche Hand versucht, wie ein privater Versicherer aufzutreten (wie zum Beispiel bei der Kranken- und Pflegeversicherung), verlieren wir als Gesellschaft jeden Gestaltungsfreiraum innerhalb dieser Grundversorgung. Die Gemeinschaft beraubt sich dadurch quasi „freiwillig" der Lenkbarkeit oder Steuerung der notwendigen Inhalte einer Grundversorgung und kann sie nicht mehr an die sich verändernden sozialen Notwendigkeiten anpassen. Dieser Verlust an Vorsorgequalität wird noch dadurch verschärft, dass sich heute öffentliche Träger im Finanzmarkt rückdecken können, sich also durch den Ankauf ihrer eigenen Schulden abgesichert wähnen.

Die Allgemeinheit muss das gesellschaftliche Funktionieren an sich garantieren können. Das hört sich für euch vielleicht zunächst einfach an, ist es aber nicht. Denn an diesem Punkt müssen wir uns eingestehen und bejahen, was denn im Hier und Heute gesellschaftliches Funktionieren überhaupt ist bzw. sein muss oder sein sollte: In meinen Augen ist es die jederzeitige Möglichkeit, für jeden Einzelnen gesellschaftliche Chancengleichheit und gemeinschaftliche Grundversorgung ohne individuelle Vorsorge erhalten zu können! Das geht weit über die Bereitstellung von Mitteln zur Funktion von Gesundheitswesen oder Erziehung und Bildung hinaus, denn auch der ungehinderte Zugang zu Information und Austausch im Internet, zu Schutz und Rechtshilfe ist längst ein wesentlicher Bestandteil davon. Versucht euch zu vergegenwärtigen, in welch hohem Maße diese oben erwähnten Bereiche gesellschaftlichen Funktionierens heute bereits in privatwirtschaftlichem Besitz stehen und wie verschwindend gering die Machtbefugnis der Allgemeinheit in diesen Bereichen geworden ist. Es hat ja Gründe, warum sich die private Hand bei der Übernahme gesellschaftlicher „Funktionsmittel" so angebiedert hat, das liegt natürlich in den daraus zu erzielenden Gewinnen. Noch dazu sind dies Gewinne der – ethisch gesehen – ganz besonders heiklen Art. Solange alles gut geht, kann die Privatwirtschaft diese Gewinne abziehen, wenn die Funktion dann jedoch zusammenbricht, die Allgemeinheit sie aber dringend benötigt, übernimmt wieder die öffentliche Hand (wie zum Beispiel in der Alterssicherung oder Mindestsicherung), doch die für die Vorsorge nötigen Gelder liegen bereits als Gewinne auf den Konten derer, die davon privatwirtschaftlichen Nutzen gezogen haben.

Die Allgemeinheit muss Vorsorge für eine „Wahrscheinlichkeit" betreiben, das heißt für einen Bereich, mit dem sich privates Gewinnstreben aus guten Gründen höchstens aus Spekulation beschäftigt. Dabei handelt es sich bei aller Wahrscheinlichkeit keineswegs um die mögliche Landung Außerirdischer auf der Erde, sondern ganz einfach um die wahrscheinliche Verpflichtung, eine allgemeine gesellschaftliche Funktion aufrechterhalten zu müssen oder sie ersetzen zu können, beispielsweise in der Energieversorgung. Bezüglich Vorsorge sind die drei wichtigsten Bereiche, in denen wir uns mit Wahrscheinlichkeiten auseinandersetzen müssen, folgende: a. die möglichst schadfreie Energiegewinnung, b. die Entgiftung unserer Umwelt und c. genug saubere Nahrung für alle. Daneben gibt es noch weitere Bereiche, wie die Sicherstellung von Informationsübermittlung, Bewegungsfreiheit, Rechtsschutz und Bildungsmöglichkeit usw. In allen grundlegenden und für das Funktionieren einer Allgemeinheit überlebenswichtigen Themen erwarten die Einzelnen eine gesellschaftliche Vorsorge.

Diese bekommen sie in der Wirklichkeit schon lange nicht mehr ausreichend oder flächendeckend.

Um in den oben beschriebenen drei Bereichen Vorsorge leisten zu können, muss sich die Allgemeinheit ihrer Funktionsmittel (wieder) bemächtigen und aus den Fehlern der Vergangenheit lernen. Das Gewinnstreben der „privaten Hand" hat den gesellschaftlichen Glauben in die eigenen Fähigkeiten natürlich längst negativ beeinflusst und zu ihrem eigenen Vorteil genutzt. So sind wir heute davon überzeugt, ein Unternehmen in staatlicher Hand sei weniger gewinnfähig, sei träge, leistungsarm und noch dazu durchsetzt von allerhöchstens mittelmäßigen Mitarbeitern. Diese Überzeugung ist falsch und von einigen wenigen Nutznießern bewusst gesteuert. Es wäre Aufgabe unserer politischen Lenkung gewesen, aus den Fehlern der Vergangenheit zu lernen und nicht davor davonzulaufen, denn genau dies haben wir mit der Privatisierung von Staatsbetrieben und Volksvermögen getan. Weil wir uns gescheut haben, erstklassige Arbeit und die Steuerung von Staatsbetrieben einzufordern und durchzusetzen, haben wir wesentliche Vorsorgebestandteile und Verpflichtungen in die private Hand gegeben. Von dort müssen wir sie wieder zurückholen und diese in Zukunft modern und leistungsstark gestalten.

Weder ein Elektrizitätswerk noch ein Wasserwerk, der öffentliche Nahverkehr, Entsorgung oder Krankenhaus (um nur einige Beispiele zu nennen …) gehören in private Hände. Dabei geht es nicht darum, die private Mitarbeit in diesen Betrieben etwa unmöglich zu machen oder die Gewinnfähigkeit auszuhöhlen, es geht einzig und allein um die mehrheitliche Kontrolle und dadurch mögliche Beeinflussung der jeweiligen Unternehmensziele und Verpflichtungen. Es steht außer Zweifel, dass privatwirtschaftliche Beteiligung an gesellschaftstragenden Betrieben gesund sein kann und mitunter in positivem Sinne wettbewerbsfördernd ist, aber es muss eine Partnerschaft zwischen öffentlicher und privater Hand bleiben, in der die Allgemeinheit am Ende des Tages „das letzte Wort" behält.

Damit bleibt soziale Umverteilung lenkbar, und diese zu gewährleisten ist eine unumstößliche Verpflichtung der Gesellschaft.

Ich möchte versuchen, euch unsere jüngere Geschichte als einen ungemein umfassenden Rückzug der öffentlichen Hand aus ihrer Versorgungsverpflichtung und der damit unmittelbar in Zusammenhang stehenden Vorsorgeverantwortung begreiflich zu machen. Wenn die Privatwirtschaft den Vorsorgeanteil an der Versorgungsverpflichtung als Gewinn verbuchen kann und deshalb die Politik nachhaltig in ihrem Sinne beeinflusst, ist dies meiner Meinung nach falsch und muss rückgängig gemacht werden! Dass es überhaupt dazu kommen konnte, haben wir der Kurzlebigkeit und eben durch private Interessen der Beeinflussbarkeit unserer politischen Lenkung zu verdanken, und diese wiederum einzig und allein uns selbst und unserer mangelnden Aufmerksamkeit. An der Wahlurne entscheiden die Einzelnen, und sie bekommen die Art von Leitung, die sie dort wählen. Um eine zukünftige Änderung herbeiführen zu können, müssen wir nun anders oder klüger als bisher entscheiden. Es bleibt dabei ganz wichtig, den kausalen Zusammenhang, also die Herkunft der einzelnen Probleme, nicht aus den Augen zu verlieren: Nur der Rückzug der Allgemeinheit aus der gesellschaftlichen Verantwortung für soziale Umverteilung hat die privatwirtschaftliche Übernahme staatlicher Dienstleistungen möglich gemacht. Der Lockruf der Kapitalmärkte wäre weiterhin nur von jenen gehört worden, die sich dort schon immer getummelt haben, wir aber haben unsere gesellschaftlich größte Verantwortung, nämlich die Verpflichtung zur Vorsorge, in das private Versicherungs- und Pensionswesen abgeschoben und damit einen beispiellosen Übertrag von Vermögen in die falschen Hände ermöglicht.

Gesellschaftstragend sind alle Unternehmen, welche das oben beschriebene Funktionieren der Allgemeinheit in Bezug auf Versorgung, Alltag und Wahrscheinlichkeit überhaupt erst möglich machen. Sie müssen in staatlicher Letztkontrolle bleiben und allen Bürgern verantwortlich sein. Wo sie dies durch die Entwicklungen der letzten Jahrzehnte nicht mehr sind, müssen wir Mittel und Wege finden, sie innerhalb eines kurzen Zeitraumes wieder dorthin zurückzubringen. Dabei gilt es, einfallsreich vorzugehen und in Ruhe abzuwägen. Was man in über fünfzig Jahren verschlissen hat, kann man nicht einfach wieder rückgängig machen, aber man muss endlich damit beginnen. Selbst wenn das letztlich in Einzelfällen eine Wiederverstaatlichung bedeutet, muss man diese in Kauf nehmen und sich nicht davor fürchten. Es gibt keine andere gesellschaftliche Lösung, wenn wir die Schlagkraft der Allgemeinheit erhalten wollen. Die private Hand macht sich die Fehler der öffentlichen Hand zu Nutze und versucht, die Gesellschaft von der erstrebenswerten und unausweichlichen Überführung von einigen Staatsbetrieben in die private Hand zu überzeugen. Was aber soll daran erstrebenswert sein? Wie schon gesagt, wenn sie in privater Hand funktionieren, haben wir keinen Gewinn davon, es sei denn, wir würden sie umfassend besteuern (und dabei gibt es einfach zu viele Reibungsverluste, wie in späteren Briefen dieses Buches beschrieben), funktionieren sie nicht oder nicht mehr, so bekommen wir sie – mittlerweile um die Vorsorgerücklage gewinnentleert – wieder zurück. In der Zwischenzeit konnten wir sie weder leistungsstark zu führen lernen, noch konnten wir sie nachhaltig zukunftsfähig machen.

Es lohnt sich, an dieser Stelle die Fehler der Vergangenheit bei der Lenkung gesellschaftstragender Betriebe genau zu beleuchten, damit man sich da in Hinkunft nicht missversteht: Es darf keine Abkehr vom Prinzip der Leistungsverantwortung geben. Ein im mehrheitlichen Besitz der Bürger stehendes Wasserwerk kann nicht so geführt werden, dass es die Gewinnmöglichkeit für die Allgemeinheit (aus der diese ja ihre Aufgaben bewältigten muss ...) verhöhnt. Während die Gewinnerwartung dieses Wasserwerkes in der Höhe durchaus begrenzt werden kann (und damit der an die Bürger verrechnete Preis pro Liter Wasser ...), müssen die Einnahmen die Kosten und etwaige Entwicklungskosten decken können. Die Partnerschaft von öffentlicher und privater Hand in der wirtschaftlich gewinnorientierten Führung solcher Unternehmen ist deshalb ja auch mitunter sinnvoll. Zudem darf meiner Meinung nach künftig Umverteilung von einem gesellschaftlichen Bereich in den anderen nur noch stattfinden, wenn dies eine bejahte und für alle ersichtliche Umverteilung ist. Faulheit, Leistungsverweigerung oder Dummheit wird in diesem Umfeld genauso gehandhabt wie in der Privatwirtschaft. Und natürlich müssen wir die Scheu vor leistungsgerechter Entlohnung ablegen, dafür ist das Funktionieren dieser Bereiche einfach zu wichtig, und ihr möglicher Zusammenbruch wäre für die Allgemeinheit weitaus teurer.

Es gibt weltweit hervorragende Beispiele aus allen Bereichen der öffentlichen Vorsorge für gelungene Partnerschaften zwischen der öffentlichen und privaten Hand. Es gibt auch unzählige staatlich geführte Betriebe, die einen Gewinn erzielen bzw. diesen Gewinn nach einer von allen bejahten und ersichtlichen Umverteilung erwirtschaften und die über alle Maßen leistungsfähig sind. Niemand wird bestreiten, dass die Schweizer Bundesbahnen ein erstklassiges und bürgernahes Unternehmen sind. Nicht nur das, sie haben auch europaweit ihre Konkurrenz weit hinter sich gelassen, und dies, ohne ihren Auftrag zu flächendeckender Transportversorgung zu vernachlässigen. Wie kommt es also, dass diese zur Gänze im Besitz des Steuerzahlers sind und trotzdem funktionieren? Wahrscheinlich, weil sie durchaus nach privatwirtschaftlichen Regeln geführt werden, obwohl sie nicht in privatem Eigentum stehen. Wir werden also in vielerlei Hinsicht nicht darum herumkommen, die Funktionsweise der in mehrheitlichem Bürgerbesitz stehenden Betriebe ständig und nach einem unbestechlichen Schema zu kontrollieren, und zwar von eigens und speziell dafür ausgebildeten Kräften.

Bodenschätze (besonders seltene Erden und Metalle …) sind ein öffentliches Gut, genau wie zum Beispiel Wasser und Meeresküsten. Gerade weil Bodenschätze oder Sauberkeit des Wassers endlich sind, also nicht beliebig ersetzbar (wie zum Beispiel Windenergie oder Sonnenlicht …), müssen sie unter unserem besonderen Schutz stehen. Sie dürfen nicht aus der Vorsorgekette der Allgemeinheit herausgelöst werden, nur zum größtmöglichen und kurzfristigsten Profit einiger weniger. Es gibt viele Wege, dies zu bewerkstelligen. In jedem Fall aber darf es (wie heute schon beispielsweise bei Schürfrechten …) nur eine deutlich bestimmte und zeitlich begrenzte Nutzung durch die private Hand geben. Auch die Verwendung öffentlicher Flächen, Wasser oder Küsten für die Land-, Fleisch- oder Fischwirtschaft muss der gleichen Handlungsweise unterworfen werden, damit die Allgemeinheit auf die Preisgestaltung und nachhaltige Erzeugungssauberkeit einen entsprechenden Einfluss behält.

Damit schließt sich für mich der Kreis der gesellschaftlichen Vorsorgeverantwortung und ihrer dringend notwendigen Lenkbarkeit. Genau wie für die Versorgungsleistung gilt auch für die Vorsorge, dass sie ein sich immer veränderndes Umfeld vorfindet und deshalb in der Kontrolle aller Bürger bleiben muss. Während es vor noch zwei Jahrzehnten unbedeutend schien, den Zugang aller Bürger zum Internet als Gesellschaft gewährleisten zu müssen, so ist dies heute beinahe eine Selbstverständlichkeit. Doch dieser Zugang befindet sich in Mitteleuropa schon nicht mehr im alleinigen Besitz der Allgemeinheit, sondern wird von privater Hand gesteuert. Letztlich verändert sich dadurch die Verfügbarkeit von Wissen, Bildung und Information, auch deshalb, weil immer weniger davon in gedruckter und „besitzbarer“ Form hergestellt wird. Vorsorge treffen heißt also auch, die gesellschaftliche Kontrolle über den Datenaustausch und seine Möglichkeiten zu behalten sowie einen gleichzeitigen und fairen Zugang zu sozialen Netzen zu gewährleisten.

In der Rückführung von Einnahmen und Lenkungsmöglichkeiten in die Hände der Allgemeinheit und damit der gesellschaftlichen Vorsorge liegt die einzige Chance, Versorgungsleistungen der Allgemeinheit in Zukunft wieder aus dem laufenden Kassenstand heraus entrichten zu können. Diese Leistungen sind nicht versicherbar, weder direkt noch indirekt. Über Jahrhunderte haben wir einen klaren Zusammenhang zwischen dem laufenden Kassenstand und der gesellschaftlichen Versorgungsleistung zeigen können. Sozialer Unfrieden oder generationenübergreifende Feindseligkeiten zwischen Bedürftigen und Versorgern konnte dadurch stets vermieden werden. Zudem war die Möglichkeit, unermessliche Reichtümer ganz weniger zu Lasten der breiten Mehrheit anzuhäufen, wesentlich begrenzter. Dorthin müssen wir zurückkehren, wenn wir soziale Umverteilung auch in Zukunft möglich machen wollen. Wir können uns der Verantwortung für das generationenübergreifende Vorsorgeversprechen nicht länger entziehen, wollen wir dieses Versprechen im Rahmen der gesellschaftlichen Möglichkeiten auch in Zukunft weiterhin geben können. Unter den heutigen Umständen wäre dies nicht möglich, das müssen wir uns ehrlicherweise eingestehen.

Brief vier

Gesellschaft und ihre Verpflichtung oder:
„Vom Anspruch auf Versorgung"

Ihr werdet mir sicherlich zustimmen, dass eine der aus unserer Kindheit, Familie und Sippengeschichte hervorgehenden Grundregeln sozialer Umverteilung darin besteht, dass wir Kinder, Alte, Kranke und Schwache mitversorgen. Diese Verpflichtung zur Versorgung empfinden wir alle als selbstverständlich. Wir haben eindeutig kein Problem damit, dass eine solche Verpflichtung vorhanden ist, unsere Schwierigkeiten liegen eher darin, dieser als natürlich empfundenen Aufgabe klug und umsichtig nachzukommen. In den letzten Jahrzehnten ist hier einiges gründlich misslungen und wir müssen uns eingestehen, dass wir heute in vielen Bereichen eine Unterversorgung haben, während in einigen anderen Aufgabengebieten fast eine Überversorgung herrscht. Nachdem es mitunter menschlich unangenehm oder mühsam sein kann, sich mit den Versorgten auf das Ausmaß ihrer Versorgung zu einigen bzw. diese auszuhandeln, haben wir eine Menge Stellvertreter erfunden oder ernannt, welche dies für uns übernehmen sollen, zum Beispiel in Krankenkassen, Sozialämtern und Pflegschaften. Dabei ist uns dann meiner Meinung nach gleich zweierlei entglitten: zum Ersten die andauernde gesellschaftliche Kontrolle über die Versorgungsleistungen und zum Zweiten das fortwährend notwendige Gespräch mit den Betroffenen. Deshalb fällt es uns auch immer schwerer, das Ausmaß unserer Versorgung richtig zu bestimmen.

Es gibt kein soziales Entkommen aus der Versorgungsverpflichtung, denn weder ist ein solches von den Einzelnen gewollt, noch ist es im Sinne von sozialer Umverteilung erlaubt. Deshalb braucht man sich nicht lange mit dem tieferen Sinn dieser Verpflichtung zu beschäftigen, man muss sie einfach nur aufrichtig annehmen und entsprechend bewältigen. Daraus folgend stellt sich auch nicht die Frage nach den notwendigen finanziellen Mitteln, welche für die Versorgung aufgewendet werden müssen. Deren sichere Gewährleistung versuche ich in anderen Briefen dieses Buches zu beschreiben (siehe dazu Brief drei). Hier geht es einzig und allein um das richtige Ausmaß an Versorgung sowie um ihre tägliche Gestaltung. Natürlich bedeutet das auch, sich um das Wesen der Versorgung und ihre Zumutbarkeit auf beiden Seiten fortwährend Gedanken zu machen, also sie stets neu zu begründen und auszurichten. Dies muss dann auch dazu führen können, Versorgung abzulehnen, zu verändern, zu verringern oder aber nötigenfalls umgehend zu erweitern. Dabei muss Versorgung dem Prinzip einer gesellschaftlichen Gegenleistung folgen, wo immer dies schon oder gerade noch möglich ist. Tut sie das nicht, schwächt das die Bereitschaft der Versorgenden zu sozialer Umverteilung und wird die gesellschaftliche Funktion von Versorgung gefährden.

Meiner Meinung nach sollten wir vorrangig mit der Betrachtung gesellschaftlicher Versorgung innerhalb der Familie beginnen. Vorrangig deshalb, weil die Versorgung innerhalb eines weitreichenden Familienverbandes oder auch familienähnlichen (mitunter zeitlich begrenzten …) Netzwerkes die gesellschaftlich leistungsfähigste und gleichzeitig die für die Allgemeinheit am ehesten leistbare ist. Wobei ich unter weitreichendem Familienverband nicht nur Verwandtschaft im ursprünglichen Sinne verstehe. Weitreichender Familienverband im modernen Sinn besteht neben den ursprünglichen, direkten Verwandten auch aus Beziehungen auf Zeit, aus dem Freundeskreis, aus Gleichgesinnten oder sich Zusammenschließenden etc.

Die Abkehr von der Erstverantwortung dieses weitreichenden Familienverbandes zur Versorgung ihrer Mitglieder zu fördern oder weiterhin zu erleichtern, ist meiner Meinung nach gesellschaftlich äußerst kurzsichtig. Nachdem sie größtenteils schon weit gediehen ist, müssen wir hier umgehend eingreifen. Ein solches Eingreifen kann aber ohne Verständnis für die wahren Gründe der oben beschriebenen Abkehr nur oberflächlich bleiben oder sogar falsch sein. Diese wahren Gründe liegen zum Großteil in der mangelnden Anerkennung familiärer Leistung und deren fehlender

Gleichstellung mit anderer, außerhalb des Familienverbandes erbrachter Leistung. Das lässt sich historisch durch die Entwicklung von einer landwirtschaftlich- oder lohnarbeitsorientierten Gesellschaft hin zu einer Dienstleistungs- und Wissensgesellschaft erklären. Dieses zu ändern ist aber nicht schwer: Wann immer in einem weitreichenden Familienverband Leistung erbracht wird, müssen wir zukünftig diese der außerhalb des Familienverbandes erbrachten Leistung in Einkommen, Rechten und Pflichten gleichstellen. Dies bedeutet, dass jene, welche sich innerhalb eines Familienverbandes um die Erziehung und Betreuung von Kindern, um die Pflege von Kranken oder aber die Mitversorgung älterer und schwächerer Mitglieder dieses Verbandes (und sei es nur auf Zeit, nichts anderes tun wir ja auch – versorgungstechnisch betrachtet – in der Kindererziehung, auch wenn das oft missverstanden wird …) kümmern, Arbeitnehmer unserer Gesellschaft sind. Denn sie erbringen eine Leistung dort, wo sie nicht nur für die Allgemeinheit am leistbarsten ist, sie erbringen sie zudem auch oft genug in einem sozialen Zusammenhang von Liebe, Gefühl, Zuneigung und Respekt. Diese emotionale Anteilnahme können wir außerhalb eines Familienverbandes nicht unbedingt erwarten, hat aber für die Betroffenen eine sehr große Bedeutung. Und als unsere Arbeitnehmer haben sie Rechte und Pflichten, so wie sie jedem anderen Arbeitnehmer auch zukommen oder von diesem geleistet werden müssen. Das fängt bei entsprechender Ausbildung an und hört bei leistungsgerechter Bezahlung noch lange nicht auf.

Wenn es uns endlich gelingen könnte, Arbeit im weitreichenden Familienverband nicht mehr nur als stillschweigend geduldete Ausbeutung zu verstehen, dann würden wir sowohl auf eine gute Anzahl an kostspieligen sozialen Einrichtungen verzichten können als auch eine viel stärkere Kontrolle über diese Arbeit erhalten. Mit vorheriger Ausbildung, geregeltem Urlaub, begleitender Fortbildung und Vertretung im Krankheitsfall entsteht ja kein gesellschaftlicher Nachteil, sondern eine einforderbare Wechselbeziehung, in der ein gesellschaftliches Wertesystem vermittelbar wird. Zudem ergäben sich Vergleichsmöglichkeiten, die es erlauben würden, Ziele und Leistungen von Arbeit im Familienverband genauer zu beschreiben und auch einzufordern bzw. Hilfe dort zu leisten, wo diese Ziele und Leistungen nicht erreicht werden können. Wir müssen die Qualität der weitreichenden familiären Versorgung dringend verbessern, denn die Allgemeinheit kann sich weder die sozialen Kosten flächendeckender Betreuung außerhalb dieser Versorgung leisten, noch kann sie darauf verzichten, die für diese Versorgung benötigten Fähigkeiten entsprechend heranzubilden und zu kontrollieren. Deshalb müssen wir die Möglichkeiten der Versorgung durch den erweiterten Familienverband genauestens verstehen und ihre Befähigung laufend überprüfen. Dies kann nur in einem ordentlichen Entlohnungsverhältnis geschehen.

Bei allem Bemühen um die Stärkung der Versorgung im oben beschriebenen Verband wird es weiterhin eine Vielzahl an sozialen Einrichtungen geben müssen. Man kann dies ohne Weiteres in der Reihenfolge von tatsächlichen Lebensabschnitten betrachten, bevor man noch im Speziellen auf Krankheit und Schwachheit eingeht. Es geht also zunächst um die soziale Absicherung des oder der zunächst Versorgungsverantwortlichen nach der Geburt, also der Eltern oder elterlich Gleichgestellten. Hier kann und darf es keine Aufweichung von Mutterschutz, Karenz/Elternzeit und Kindergeld geben. Andererseits muss es allerdings auch eine Überprüfung der entsprechenden Fähigkeit zur Elternschaft geben bzw. eine laufende Begleitung. Im Sinne der Erweiterung eines verantwortlichen Familienverbandes oder familienähnlichen Netzwerkes müssen heute auch ungewöhnliche Modelle der frühkindlichen Versorgung mit eingebunden werden. Dies kann der Zusammenschluss mehrerer Familien sein, Betreuung im „Reihum-Verfahren", zeitlich begrenzte Auslagerung von Betreuung oder aber andere Formen der frühkindlichen Erziehung. Ihnen allen muss allerdings ihre gesellschaftliche Verantwortbarkeit und Überprüfbarkeit eigen sein, wenn diese auch immer offen für Einfallsreichtum und Andersartigkeit bleiben muss. Unser Ziel sollte sein, den Verbleib eines Kindes innerhalb eines familienähnlichen Verbandes, zumindest in den ersten drei Lebensjahren, auf jeden Fall zu gewährleisten.

Wenngleich sich die Allgemeinheit nach wie vor verpflichtet fühlen sollte, ausreichend Kindergartenplätze sowie Vorschul- oder Grundschulplätze zur Verfügung zu stellen, so kann dies künftig nur mit einer Öffnung hin zu neuen Formen des Betreuungs- oder Unterrichtswesens einhergehen. Auch hier müssen wir uns zumindest bis zum zehnten oder zwölften Lebensjahr aus der strengen Bindung an soziale Einrichtungen befreien können und den erweiterten Familienverbänden oder familienähnlichen Netzwerken mehr Mitsprache ermöglichen bzw. uns auf deren Ideen und Einfallsreichtum verlassen. Natürlich muss dies verantwortbar und überprüfbar bleiben.

Wie in anderen Briefen schon beschrieben, kann auch im jugendlichen Alter unmöglich lediglich reine Wissensvermittlung Inhalt eines Unterrichtswesens sein, dafür sind die sozialen Aufgaben der künftigen Mitglieder unserer Gesellschaft mittlerweile einfach viel zu komplex. Jede Schulbildung, auch jene, die später mit einer Berufsausbildung verbunden ist, muss einen mindestens einjährigen, besser aber zweijährigen sozialen Dienst für die Gesellschaft beinhalten, dies ist ein unumgänglicher Ausbildungsbestandteil und eine Grundvoraussetzung, um das Verständnis von sozialer Umverteilung und gesellschaftlicher Versorgungsverpflichtung in Jugendlichen heranbilden zu können.

Ein weiterer Punkt, den es zu überdenken gilt, ist die materielle Versorgung durch unsere Gesellschaft: Diese Versorgung Einzelner beschränkt sich eigentlich auf Krankheit, Pflege oder Schwäche sowie eine – hoffentlich nur zeitweise – erwerbsmäßige Ausgliederung. Wobei zu unterscheiden wäre, ob diese unverschuldet, also zum Beispiel durch Arbeitslosigkeit oder aber mitverschuldet, zum Beispiel durch Leistungsverweigerung oder Gefängnisaufenthalt zustande kam. Für die Gesellschaft ist dies in ihrer Eigenschaft als Versorgungsverpflichtete allerdings eher unbedeutend. Tatsache ist, dass sich aus jeder bestehenden Leistungsfähigkeit Einzelner ein Anspruch der Gesellschaft auf diese Leistung ableitet (nur dann haben jene Einzelne umgekehrt einen Anspruch auf materielle Versorgung durch die Gesellschaft). Also muss die Allgemeinheit die Leistung jedes Einzelnen auch ermöglichen, einfordern und überprüfen, wenn sich dieser in gesellschaftlicher Versorgung befindet. Es kann nicht angehen, dass Arbeitslose nicht zu Diensten an der Allgemeinheit oder Umwelt herangezogen werden, es sei denn, sie machen gerade eine Fortbildung, um sich wieder aus eigener Kraft in den Arbeitsmarkt eingliedern zu können. Das Gleiche gilt, wenn auch in völlig anderer Form und mit ganz anderen Sanktionen versehen, für Leistungsverweigerer oder Gefängnisinsassen.

Letztlich bedeutet auch Schwäche oder im Einzelfall manchmal sogar Krankheit nicht, dass sich Einzelne aus der Leistungserbringung für die Allgemeinheit herausziehen dürfen (wobei sie dies ja oft auch gar nicht wollen). Nachdem wir nicht nur im Falle von Arbeitslosigkeit, sondern gerade auch im Falle von Schwäche und Krankheit jede Form von Nachdenken oder Einfallsreichtum vermissen lassen, muss man sich nicht wundern, dass die Bereitschaft zu sozialer Umverteilung an Bedürftige weiter abnimmt. Ich bin überzeugt davon, dass im Grunde die Mehrzahl aller Arbeitslosen arbeiten will, nur machen wir uns nicht die Mühe, entsprechende Arbeitsmöglichkeiten zur Verfügung zu stellen. Dies schmerzt gleich doppelt, denn zum einen werden wichtige Aufgaben mangels Personal nicht bewerkstelligt, da braucht ihr nur an Betreuungseinrichtungen, Hauskrankenpflege, Sicherung von Schulwegen, Sauberkeit unserer Umgebungen usw. zu denken, und zum anderen haben Arbeitswillige nicht die Möglichkeit, etwas zu leisten, zu lernen und für sich selber zu erfahren, sich also der Versorgung durch die Gesellschaft erkenntlich zu zeigen. So gelingt es auch nicht, Leistungsverweigerer finanziell an den unteren Rand der Gesellschaft zu stellen, weil wir sie bisher gar nicht als solche erkennen können. Durch das heute übliche „Gießkannenprinzip" sind Unterscheidungen nicht möglich und reine „Schnorrer" (also Absahner, Nutznießer oder Trittbrettfahrer) kommen ungeahndet davon.

Ohnedies sollte jedes leistungsfähige Mitglied der Allgemeinheit in regelmäßigen Abständen (zum Beispiel alle zehn Jahre ...) einige Monate lang

Dienst an der Gesellschaft tun oder zur Mitarbeit an der Erhaltung der Umwelt herangezogen werden können, und zwar unabhängig von sozialem Status oder Stellung. Dies ist für das soziale Funktionieren einer Gesellschaft ähnlich unabdingbar wie der soziale Dienst Jugendlicher oder junger Erwachsener während oder am Ende ihrer Ausbildung. Natürlich spart dies auch Geld, weil die Gesellschaft eine dauerhafte Arbeitskraftreserve für vergleichsweise geringere Entlohnung erhält, es schafft aber vor allem ein verlässliches Schema, ein auch tatsächlich verwaltbares System, in dem dann zum Beispiel Arbeitslose neben den gerade ihren sozialen Dienst ableistenden Erwerbstätigen eingebunden werden können. Ein Umstand, der dem Ansehen einer solchen Tätigkeit innerhalb der Gesellschaft durchaus Rechnung tragen kann und dadurch allen helfen wird, die sich um eine Wiedereingliederung bemühen. Wenn dies für den Militärdienst in vielen Gesellschaften möglich ist, dann kann das doch sicher leicht auch für einen sozialen Dienst in die Tat umgesetzt werden.

Krankheit und Schwäche darf nicht zu sozialer Ausgrenzung führen. Auch kann es für beide Zustände nicht die Problematik einer „mangelnden Vorsorge" geben. Es ist nicht Sache der Allgemeinheit zu verhindern, dass sich Einzelne eine vermeintlich bessere oder luxuriösere Versorgung im Falle von Krankheit, Unfall oder Schwäche leisten wollen, es ist unsere gesellschaftliche Verpflichtung, dafür zu sorgen, dass jedes Mitglied der Allgemeinheit eine ausgezeichnete medizinische Betreuung erhält und sich der Ruf nach zusätzlicher Leistung erst gar nicht stellen muss. Genug Länder auf dieser Welt kommen ohne eine „Zwei-Klassen-Medizin" aus und haben dennoch insgesamt niedrigere Ausgaben. Im Umgang mit Schwachen gilt: Wo immer es möglich ist, sollten wir Schwache möglichst innerhalb des erweiterten Familienverbandes versorgen. Wenn doch nötig, dann sollten wir sie nur zeitweise in sozialen Einrichtungen mit eigenem Mitarbeiterstab betreuen. Schwäche, ob nun eine geistige, eine gefühlte oder erlebte Schwäche oder aber Schwäche als Folge von Erlebnissen, Unfall oder Krankheit, ist kein Grund zu einer – letztlich für die Allgemeinheit viel teureren – Ausgliederung aus der Gesellschaft.

So bleibt zu guter Letzt das Alter als ein großer und immer größer werdender Bestandteil der gesellschaftlichen Versorgungsverpflichtung. In der heutigen Form kann diese Verpflichtung schon bald nicht mehr bewältigt werden, dies steht für mich vollkommen außer Frage. Man kann sich höchstens über den noch zur Verfügung stehenden Zeitraum bis zu einem Zusammenbruch der Alterssicherung streiten, darüber, ob es jetzt in fünfzehn Jahren, in zwanzig Jahren oder in fünfundzwanzig Jahren dazu kommen wird, nicht aber darüber, dass rein mathematisch unsere Alterssicherung in ihrer bisherigen Form nicht weiter gelingen kann. Es ist also allerhöchste Zeit zu handeln. Um die Altersversorgung weiterhin gewährleisten zu können, muss man eigentlich nur zwei vorherrschende Fakten und ihre jeweilige Tragweite begreifen: Erstens ist die Dauer der möglichen Lebensleistungsfähigkeit für die Mehrheit unserer Gesellschaft heute erheblich länger (und wird immer länger werden …), während gleichzeitig in Zukunft immer weniger junge Menschen in die Erwerbsfähigkeit nachdrängen. Zweitens besteht meiner Meinung nach die ältere Generation in der Mehrzahl ja keineswegs aus arbeitsunwilligen oder zu einer „dem Lebensalter angemessenen" Arbeit etwa nicht fähiger Mitglieder. Sie will daher auch nicht weiter von Jüngeren aus dem Erwerbsprozess hinausgedrängt werden. Was sich heute abspielt, halte ich für würdelos und noch dazu in hohem Maße für gefährlich.

Die Renten sind längst nicht mehr sicher, sie sind im rechnerischen Sinne in ihrer versprochenen Höhe tatsächlich gar nicht mehr vorhanden. Die Mehrheit der heute noch sicher Erwerbstätigen wurde in eine zweite oder gar dritte Alterssicherungsschiene gedrängt, deren Auszahlung noch bei weitem unsicherer ist. Gleichzeitig dürfen jene, die sehr gut leisten wollen und können, nicht mehr weiterarbeiten. Nachdem aber die Allgemeinheit ihrer Versorgungsverpflichtung für die ältere Generation weiterhin nachkommen muss, muss diese Versorgung von zwei Seiten aus sofort und gänzlich neu gestaltet werden. Zum einen müssen wir das Rentenalter schrittweise um mindestens zehn Jahre anheben und dürfen das Ausscheiden aus dem Erwerbsprozess nicht mehr erzwingen. Durch die an anderer Stelle in diesen Briefen von mir ja bereits beschriebene Abkehr von der Koppelung der Löhne an Lohnnebenkosten und Sozialabgaben sollte zusätzlich eine Vielzahl von Möglichkeiten für die Schaffung von „dem Lebensalter angemessenen" Tätigkeiten entstehen. Zum anderen müssen wir die Höhe der Versorgung begrenzen und sie gleichzeitig wirklich und, ohne zu tricksen, an die tatsächlichen Lebenshaltungskosten jährlich angleichen. Sie muss durch die laufenden Einnahmen der Gesellschaft gesichert sein und darf ab sofort nicht mehr angespart werden. Auch müssen wir den (mathematisch sinnlosen) Versuch aufgeben, eine Altersversorgung durch Ansparversicherungen decken zu wollen.

Damit schließt sich der Kreis der großen gesellschaftlichen Versorgungsblöcke. Die Verpflichtung zur Versorgung ist eindeutig und entspricht dem Prinzip von sozialer Umverteilung und der Wertigkeit, dass Bedürftigkeit Vorrang hat vor dem Gleichheitsgrundsatz. Versorgung wird ohne weitreichende Vorsorge allerdings nicht möglich sein, was die Notwendigkeit der Neugestaltung der gesellschaftlichen Einnahmeseite in ihrer Bedeutung einmal mehr deutlich unterstreicht!

Brief fünf

Gesellschaft und ihre Abgabenberechtigung oder:
„Vom klugen Ausgeben und gerechten Einnehmen"

Ganz egal, wie unsere durch die Industrie gegängelte oder auf der Lohnliste des „Kapitals" stehende politische Führung es auch drehen und wenden mag, es gibt heute nur noch zwei – übrigens uralte – Methoden, die Einnahmen- und Ausgabenseite der Gesellschaft wieder ins Lot zu bringen: Klüger und vorsichtiger ausgeben sowie gerechter und lückenloser einnehmen. Wobei „ins Lot bringen" in unserem Falle auch heißt, Altschulden und eventuell darin enthaltene, vormals eingefrorene Zinsendienste eines Tages tilgen zu können. Unsere Einnahmenseite muss also um diese Tilgungsverpflichtung höher ausfallen, und das langfristig und nachhaltig, nicht nur kurzzeitig und eventuell noch dazu „geschönt". Um Neuverschuldung zu vermeiden, muss diese zusätzliche finanzielle Belastung aus Altschulden in vielen europäischen Staatshaushalten unter Umständen für eine Weile eingefroren werden, aber nach der Phase der Beruhigung und Neuordnung wird sie dann wieder als Belastung auf uns zukommen. Wir müssen also auf jeden Fall rechtzeitig vorgesorgt haben, um später dieser zusätzlichen Ausgabenbelastung nachkommen zu können. Ist allerdings die Einnahmenseite gerecht und die Ausgabenseite klug, so nimmt diese Altbelastung Jahr für Jahr ab, bis sie schließlich auf ein vernünftiges Maß reduziert ist (bitte lest dazu auch Brief sieben dieses Bandes).

Wichtig ist aber, dass ihr ein klares Verständnis dafür bekommt, was ich unter „klugem Ausgeben" verstehe und was „gerechtes Einnehmen" für mich bedeutet. So kann ich euch anhand einer Nachberechnung der öffentlichen Haushalte deutscher Kommunen leicht nachweisen, dass in den letzten fünfzig Jahren Ausgaben und Einnahmen für gewöhnlich immer weiter auseinanderklafften und es so zu einer immer größeren Schuldenanhäufung gekommen ist. Dass man dabei als Entscheidungsträger des Volkes anscheinend trotzdem noch recht gut hat schlafen können, kann nur mit der Kurzlebigkeit des jeweiligen politischen Amtes erklärt werden. Zudem bleibt eine Bestrafung der dabei begangenen und mitunter schweren Fehler für gewöhnlich aus. Das gängige Rezept der Politik zur Bereinigung dieses krassen Missstandes hieß, auf die Doppelwirkung von (hoffentlich ewig) wachsenden Steuereinnahmen einerseits und der ständigen Geldentwertung andererseits zu setzen. Dass diese beiden Wirkungen auf geradezu verhängnisvolle Weise miteinander vernetzt sind, ja sozusagen einander bedingen, wurde aber leider von vielen Verantwortlichen nicht erkannt. Oft wurde dieses „Nichterkennen" später lediglich mit mangelndem Fachwissen entschuldigt. Deswegen müsst ihr euch über eines ganz im Klaren sein: Geldentwertung kann nur dann den jeweils aktuellen Kaufkraftgegenwert eines Schuldenberges wirksam verringern, wenn es a.) zu keinerlei Neuverschuldung kommt und b.) die Geldentwertung im langfristigen Mittel höher ist als der durchschnittliche Zinssatz aller Altschulden. Beides war in den letzten fünfzig Jahren nie durchgehend der Fall, die fortgesetzte Schuldenanhäufung war somit nichts weiter als eine verdeckte Steuererhöhung, denn wenn die Geldentwertung nicht ausreicht, um den Kaufkraftgegenwert eines Schuldenberges langsam aufzuzehren, dann muss ich diesen durch zusätzliche Abgaben oder Steuern weiterhin finanzieren.

Vielleicht wäre das noch ein Weile so weitergelaufen, aber leider (für die Verantwortlichen und für uns alle …) hat die Gier des Kapitals auf der Suche nach Zins (Ermöglichung von privater und öffentlicher Verschuldung ohne ausreichende Sicherheiten …) und die mangelnde Selbstbeschränkung der Verbraucher eine immer höhere Verschuldung, vor allem im Privatbereich, möglich gemacht. Schon alleine dies hätte die Rückzahlungsfähigkeit der Gesellschaft (also aller Einzelnen) ins Wanken gebracht, gleichzeitig ist dann aber auch noch das Bevölkerungswachstum in den mitteleuropäischen Staaten mehr oder weniger zum Erliegen gekommen. Wenn eine Bevölkerung keinen Zuwachs mehr hat, sei es durch Zuwanderung oder Geburten, dann müssen im heutigen Steuer- und Abgabensystem jeweils weniger Erwerbstätige ein Vielfaches mehr an Sozialleistungen für alle anderen finanzieren. Wenn dann gleichzeitig keine höheren Steuern oder Abgabenleistungen mehr durchgesetzt werden können und wir noch dazu immer weniger zahlende Bürger haben, die für unsere Schuldenberge die Rückzahlungsverpflichtung übernehmen wollen oder können, dann fehlen „dem Kaiser auf einmal wirklich alle Kleider". Denn die so beliebte (weil schleichend und leise arbeitende) Geldentwertung funktioniert nicht mehr, wenn es kein Bevölkerungswachstum, Einnahmenwachstum oder Verbrauchswachstum gibt und gleichzeitig die Überschuldung einer Gesellschaft eine Neuverschuldung unmöglich macht. Genau das macht nun einen Offenbarungseid von beispiellosem Ausmaß unumgänglich.

Die Dringlichkeit unseres Handlungsbedarfs auf der Ausgabenseite wird klar, wenn wir uns vor Augen führen, dass wir, um unsere Altschulden bedienen zu können, weit weniger ausgeben dürften, als wir einnehmen und vor allem, dass wir uns aus dieser Krise mit der „alten" Rezeptur (Geldentwertung und gleichzeitige Neuverschuldung ...) nicht befreien werden können. Unsere heutige politische Führung redet davon, den „Finanzmärkten das Vertrauen in die Stabilität unserer Zahlungsfähigkeit" wiedergeben zu wollen. Mit dem „alten" Rezept geht das aber nicht. Im Gegenteil: Das einzige Vertrauen, das so vielleicht wiederhergestellt werden könnte, ist das Vertrauen der Finanzmärkte darin, dass die fortgesetzte Plünderung des Gesellschaftsvermögens (also des Vermögens, das uns allen gehört) zum Nutzen einiger weniger immerfort weitergehen kann und sich damit Geld verdienen lässt. Eine Sache des „Vertrauens" sind Finanzmärkte ohnedies nicht, eher eine Frage, ob und wer richtig rechnen kann. Vertrauen brauchen wir in uns selber, in unsere politische Führung und darin, dass wir an der Wahlurne etwas mitentscheiden und so Einfluss auf Veränderungen haben können. Finanzmärkte sind keine davongelaufene Freundin, deren „Vertrauen" man zurückgewinnen kann, sie sind eher Ungeheuer, die es zu bändigen und zu kontrollieren gilt.

Für mich beginnt also Ausgabenklugheit mit dem Verstehen, aus welchen Zahlungen oder Leistungen sich die Ausgabenseite denn tatsächlich zusammensetzt. Erst dann kann man anfangen zu beurteilen, welche davon weiter Bestand haben müssen und welche verändert gehören. Nichts wird so gerne verschleiert wie die wahre Natur der staatlichen Ausgabenseite. Dabei kennen alle von uns die einzig sinnvolle Betrachtungsmethode schon von Kindesbeinen an: Es ist die Gegenüberstellung von Kosten und Nutzen, nichts weiter. Denn selbst wenn man allerlei Tricks anwendet, um die wahren und nachhaltigen Kosten einer Ausgabenentscheidung zu verschleiern oder aber um deren Nutzen übertrieben und unehrlich darzustellen, am Ende des Tages kann ein unabhängig operierender Rechnungshof (ich würde das gerne den „Rechnungshof der Bürger" nennen) genau nachweisen, welche Kosten und Nutzen die jeweilige Ausgabenentscheidung hat oder hatte. Interessanterweise lassen sich selbst „abstrakte" politische Entscheidungen genau berechnen und eingrenzen, ihr Kosten-Nutzen-Potenzial lässt sich meist genau definieren. Warum auch sollten die Bürger nicht exakt verstehen dürfen, was ein Krieg um Öl oder der (zweifelhafte) Export unseres politischen und wirtschaftlichen Modells durch sogenannte Friedensmissionen nicht nur sozialpolitisch und ethisch, sondern auch in genauen Zahlen bedeutet? Weil die Wähler sonst am Ende die Sinnhaftigkeit dieser Ausgaben bezweifeln würden?

Um euch ein weiteres Beispiel für Verschleierung von staatlichen Ausgaben zu geben: Wenn die gesellschaftliche Ausgabenseite öffentlich diskutiert wird, dann reden wir fast immer nur von den Lohnkosten des Verwaltungsapparates, von den Ausgaben für Kinderbetreuung und Bildungswesen oder davon, was der Unterhalt von Opernhäusern, Sportstadien oder Museen kostet. Dabei haben drei ganz andere Bereiche den größten Anteil an den öffentlichen Ausgaben: Die Schuldentilgung und die Tilgung der durch die Verschuldung angefallenen Zinsen, danach – mit großem Abstand – die gesamte öffentliche Infrastruktur und schließlich der am meisten verschleierte, weil für den „Normalbürger" kaum sichtbare Anteil, nämlich das Förderungs- und Bezuschussungswesen (welches in meinen Augen kein -wesen, sondern ein -unwesen ist …). Nur auf diese Anteile der Ausgabenseite müssen wir uns konzentrieren, der Rest ist nicht wirklich entscheidend. Rechnerisch betrachtet würde die Bilanz der „öffentlichen

Hand" sofort einen Überschuss ausweisen, wenn auch nur einer dieser drei
Anteile nachhaltig positiv verändert werden würde. Keine andere staatliche
Maßnahme in den Jahren 2011 und 2012 hat zum Beispiel Deutschland so
viel Ausgabenersparnis gebracht wie der buchstäbliche Verfall des für die
Verzinsung neu ausgegebener Staatsschuldtitel nötigen Zinssatzes! Denn
alte Schulden mit hohen Zinsen wurden am Ende ihrer Laufzeit durch neue
Schulden mit viel niedrigeren Zinssätzen abgelöst, eine gewaltige Ersparnis
für den deutschen Zinsendienst. Die wahren Kosten dieses gewaltigen
Nutzens konnte Deutschland unter anderem auch in die europäischen
Mittelmeerstaaten exportieren, denn bei allgemeiner Überschuldung
zahlt zunächst mal derjenige die „Zeche", dessen Rückzahlungsfähigkeit
am schwächsten eingeschätzt wird. Eine ziemlich beschämende Form von
„Krisengewinnlertum"! Aber Schuldentilgung und Zinsen werden (wenn
so behandelt, wie in Brief sieben dieses Bandes vorgeschlagen …) ohnedies innerhalb der nächsten zwanzig Jahre keinen allzu großen oder
unkontrollierbaren Anteil an der gesellschaftlichen Ausgabenseite mehr
haben, also brauchen wir das nicht weiter zu betrachten. Viel interessanter sind die nächsten beiden dieser Anteile, als da wären die Kosten für
Infrastruktur und Infrastrukturmaßnahmen sowie das Förderungs- und
Bezuschussungs„un"wesen.

Solange wir die Finanzen unserer Gesellschaft nicht in einen Überschuss
verwandelt haben, kann es keine neuen Infrastrukturmaßnahmen geben.
Das heißt keine neuen Autobahnen, keine Flughäfen, keine Brücken, keine
Verwaltungsneubauten und keine „Formel irgendwas"-Rennstrecken, die
sich nicht nachweislich durch direkt damit in Zusammenhang stehende
Einnahmen finanzieren lassen. Die öffentliche Ausgabenseite muss sich
also in den nächsten zwei Jahrzehnten auf die Funktionserhaltung, die
Sanierung und die stetige Verbesserung der bestehenden Infrastruktur
konzentrieren. Auch dabei gilt es natürlich, die entsprechenden „Ausga-
befallen" zu vermeiden. So sind die meisten öffentlichen Ausschreibungen,
insbesondere bei Städten und Gemeinden, bewusst fehlerhaft gestaltet,
um eine möglichst breite „Nachverhandlung" des dann bereits abgeschlos-

senen Auftrages zu ermöglichen. Während der an sich gesunde, lokale Mittelstand über die Preispolitik an den Rand gedrängt wird, sichern sich multinationale Firmen die Aufträge zu angeblichen Bestbieterpreisen, nur um später in der Nachverrechnung alles und natürlich viel mehr wieder hereinzuholen. Gerade hier muss die machtvoll aufgewertete Kontrolle durch einen Rechnungshof der Bürger eine entscheidende Veränderung bringen. Die Verwendung der bestehenden Infrastruktur muss mehr zu Lasten der tatsächlichen Nutzer gehen, dies betrifft hauptsächlich den Straßenverkehr, aber auch öffentliche Flächen und Dienste.

Eine wahre Fundgrube für die notwendigen Einsparungen auf der gesellschaftlichen Ausgabenseite bietet natürlich das öffentliche Förderungs- und Bezuschussungswesen in Mitteleuropa. Wenn wir, wie in anderen Briefen beschrieben (siehe Brief neun und zehn), Verluste durch verdeckte Parteienfinanzierung, Bestechung und Vorteilsannahme komplett aus dem Gebiet der öffentlichen Förderungen und Bezuschussungen herausrechnen würden, dann könnten wir sofort mindestens ein Viertel einsparen, ohne dass dies irgendjemandem fehlen würde. Es ist in meinen Augen ohnehin fraglich, ob Förderungen tatsächlich nachhaltig etwas bewirken. Der Eindruck, dass es Förderungen nur gibt, weil die jeweilige politische Lenkung nicht fähig war, saubere Gesetzesvorlagen oder Steuerungsmaßnahmen zu entwerfen, lässt sich keineswegs von der Hand weisen. Hier haben wir dringenden Handlungsbedarf. Obwohl uns, um nur ein kleines Beispiel zu nennen, geeignete Wärmedämmungen aus nachwachsenden und einheimischen Rohstoffen (Holzwolle, Schafwolle oder Altpapier) in Hülle und Fülle zur Verfügung stehen, fördern wir die schimmelbildende Verklebung von Fassaden mit Verbundschaumstoffen, kaltes Erdöl sozusagen, damit die Mineralölindustrie das dadurch eingesparte Heizöl an anderer Stelle weiterhin verbrauchen darf.

Ebenso sind die garantierten Einspeistarife (verdeckte, weil „verordnete" Förderung …) für die Stromerzeugung aus erneuerbaren Energien zwar ein (wenn auch wenig zweckmäßiges …) Signal, sie sorgen aber in keinster

Weise für ein Umdenken in der Energieerzeugung, denn ein solches ist meiner Meinung nach nur durch höhere Abgaben auf Mineralöle, Kohle und Atomstrom möglich. Im Moment müssen alle Verbraucher den Einspeistarif mitfinanzieren, ohne dass dadurch eine Energiewende wirklich gefördert wird, geradezu ein Schildbürgerstreich. Noch dazu, wenn die Industrie dabei hohe Rabatte bekommt. Es bedarf für mich weder schwieriger Berechnungen noch irgendwelcher Förderungen, an denen Förderungsagenturen und windige Berater das meiste Geld verdienen, es hätte einzig und allein einer höheren Abgabenlast auf die fossilen Energieträger bedurft. Dieses ist ein perfektes Beispiel dafür, wie man es eigentlich nicht machen sollte. Ähnliches gilt für die Bezuschussung von Sanierungsmaßnahmen und neuen Heizanlagen sowie andere, meist die Wärmedämmung betreffende Verbesserungsmaßnahmen an privaten Gebäuden. Auch hier sehen wir statt Gesetzesänderungen und durchgreifenden Handlungen eher politischen Kleinmut. Zudem haben die meisten der bezuschussten Maßnahmen keinen wirklich nachweisbaren Einfluss auf die Sache selbst: Nur wenn man den Betrieb bestehender und Energie verschleudernder Anlagen und Maschinen verteuert, kann der Markt in eine gesunde Richtung gelenkt werden. Verteuert man nicht, bekommt man ein Nebeneinander von bisherigen Energie„fressern" und gleichzeitig nicht ausgereifter Ersatztechnik und hat damit keine wirkliche Wende herbeigeführt. Heutzutage wird, sobald sich die Vermietung einer Gemeinde- oder Sozialwohnung wegen der hohen Heizkosten nicht mehr rentiert, ein Heizkostenzuschuss an den Mieter gewährt. So wird durch Bezuschussung das Bestehen eines energieverschwendenden Gebäudes künstlich verlängert, anstatt unverzüglich eine durchgreifend saubere und neue Lösung anzustreben.

Die eigentlich vermeidbarsten Kosten in Mitteleuropa verursachen aber die Zuschüsse bei Investitionen sowie die Bezuschussung von noch zu leistender oder bereits geleisteter Arbeit. Zudem werden Investitionen von privaten Unternehmen in Anlagen und Maschinen oder in ihre Infrastruktur gleich auf zwei Wegen gefördert und kosten die Gesellschaft somit doppelt. Zum einen verursachen sie Kosten in Form eines direkten Zuschusses, den das Unternehmen erhalten kann, wenn es zum Beispiel eine neue Maschine erwirbt, und zum zweiten dann, wenn das Unternehmen eine höhere (und damit schnellere ...) Abschreibung auf diese Investition ansetzen darf. So wird die Gesellschaft ungewollt indirekter Teilhaber an unternehmerischem Risiko, ohne aber im Falle eines Erfolges davon zu profitieren. So ein Handeln ist grober Unfug, denn in meinen Augen sollte eine unternehmerische Investitionsentscheidung nur getroffen werden, wenn das volle unternehmerische Risiko für die gesamte Investition beim Unternehmen liegt und nicht teilweise beim Steuerzahler. Auch wird hier vom Zuschussgeber eine fundierte Beurteilung von Unternehmen verlangt, die dieser aus mangelnder Sach- und Fachkenntnis heraus gar nicht vornehmen kann. So braucht der Zuschussgeber wiederum einen Berater und schließlich einen eigenen Verwaltungsapparat für die Abwicklung des Zuschusses. Dies gehört umgehend abgestellt.

Außerdem bezuschussen wir im Moment fortwährend noch zu leistende oder bereits geleistete Arbeit in Form von Einstellungsprämien, Wiedereingliederungen oder Lohnzuschüssen für einen bestimmten Kreis von Arbeitnehmern. Dies sind vornehmlich Arbeitnehmer, von denen wir aus den unterschiedlichsten Gründen weniger bzw. eine schwächere Leistung erwarten als von anderen Arbeitnehmern. Anstatt Unternehmen und Arbeitnehmern die Möglichkeit zu geben, diese mögliche Leistungsschwäche oder Minderleistung für jeden Einzelfall und unter Begleitung des Arbeitsamtes genau auszuforschen und auszuhandeln (zum Beispiel indem man oberhalb einer Mindestgrenze eine individuelle Lohnvereinbarung außerhalb der Tarifhoheit ermöglicht), nimmt sich die Gesellschaft dieser – eigentlich gar nicht existierenden – Aufgabe an und öffnet dabei Tür und Tor zum Missbrauch, verkompliziert also den Arbeitsmarkt, anstatt ihn zu vereinfachen. Das entsprechende Personal in den Arbeitsmarktverwaltungen ist längst vorhanden, die Sachkenntnis zur Entscheidungsfindung im lokalen Markt auch, man muss nur die Verwaltung mehr zum Anwalt ihrer Kunden machen, ihnen also Vertretungsbefugnis geben. Hat man dazu nicht den Mut, so muss man dies den Fachgewerkschaften übergeben.

Womit wir zu jenem Moment der klugen und vorsichtigen Ausgabenbetrachtung kommen, an dem sich diese mit der Gerechtigkeit einer zu erwartenden Einnahme zu überschneiden beginnt, sozusagen dorthin hinüberleitet: Die Gesellschaft hat nur dann eine Berechtigung zur Einhebung von Abgaben und Steuern, wenn sie in der Lage ist, diese gerecht, aber vor allem lückenlos und fair einzufordern. Wo immer sie dies nicht oder nicht mehr gewährleisten kann, muss sie sich sofort zurückziehen und gegebenenfalls eine andere Abgabenlösung finden oder aber die gewohnte Abgabe nie mehr einfordern. Ich habe mich an anderen Stellen dieser Briefe bemüht, dieses zu begründen, und versucht darzustellen, wie man den „Entgang" einer Einnahme in Zukunft verhindern kann. Hier beschreibe ich, welche konkreten Auswirkungen dies in Zusammenhang mit einer klügeren Ausgabenseite erwarten lässt. Wenn die Gesellschaft also ihre Einnahmenseite künftig zum Großteil durch die eigentliche Mehrwertoder Umsatzabgabe bestreitet sowie einige sehr klar umrissene direkte Verbrauchsteuern und Abgaben einfordert, welche in direktem Zusammenhang mit der Benutzung gesellschaftlicher Vorräte stehen, dann würde auch die Einnahmenseite endlich so etwas wie eine Gerechtigkeitsprüfung bestehen können. Man muss die Einnahme lediglich dorthin verschieben, wo sie auch wirklich ohne Schlupflöcher und Missbrauch erwartet werden kann, also zum Beispiel bei indirekten Abgaben wie der Mineralölsteuer.

Wie in Brief sechs beschrieben, kann es für Privatverdiener keine Lohnsteuern oder Lohnnebenabgaben in der bisherigen Form geben. Auf Seite der Privaten gibt es für Vermögen eigene Zuwachsbesteuerungen, Erbschafts- und Schenkungssteuern sowie für wirkliche Spitzenverdiener nach wie vor eine sich verstärkende Einkommenssteuer. Alle Abgaben und Steuern müssen in Zukunft an die Geldwertentwicklung geknüpft werden, um auch die langfristige Fairness von vornherein sicherzustellen. Andere Steuern benötigt man nicht. Eine faire und gerechte, weil direkte Abgaben- und Verbrauchssteuer wird den Einzelnen nach wie vor deutlich genug belasten. In ihr liegt die neue Einnahmenseite der Gesellschaft. Außerdem nehmen wieder alle am Steueraufkommen teil und nicht mehr nur jene, die dieser Verpflichtung nicht rechtzeitig „entkommen" konnten. Vermögen, die sich im Ausland befinden, können im Inland nicht ohne neuerliche Besteuerung verwendet werden. Sozialkosten für Einzelne und Familien, Kranken- und Pflegekosten, Kosten bei Erwerbslosigkeit sowie eine ausreichende Alterssicherung übernimmt wieder die Gesellschaft, da jede andere Vorgehensweise versicherungsmathematisch aussichtslos ist und zur Verarmung breiter Bevölkerungsschichten führt.

Im Lichte dessen sind klassische Unternehmenssteuern (zum Beispiel die Körperschaftssteuer) ebenso hinfällig wie die Lohnnebenkosten auf Unternehmens- und Arbeitgeberseite. Durch die Neubewertung von Umsatz und Mehrwert und deren schrittweiser Besteuerung im Inland tragen Unternehmen und Arbeitgeber in jedem Falle ausreichend zum inländischen Steueraufkommen bei. Unter diesen Vorzeichen werden alle Unternehmen, Arbeitgeber und Dienstleister mit einbezogen, auch jene, welche ihren Steuersitz im Ausland haben. Wer im Inland (oder in Europa, also der gleichen Steuerzone) verkauft, Geschäfte macht oder Mehrwert in irgendeiner Form schafft, der wird auch im Inland besteuert. Gleichzeitig verzichtet die Gesellschaft auf die Besteuerung von in anderen Steuerhoheiten anfallenden Unternehmensgewinnen, wenn diese Gewinne durch die Verwendung von Vorräten (Arbeitskraft, Bodenschätze, Nahrungsmittel etc.) der dortigen Gesellschaften, nicht der unsrigen, entstehen. Es gibt keine Konzernverrechnung mehr. Die einzige Form der Gewinnausschüttung eines Unternehmens, Gesellschafters oder Mitbesitzers ist die Dividende. An jeder Dividende ist die Gesellschaft über eine Besteuerung wiederum ausreichend beteiligt.

Zur gerechten Einnahmenseite gehört auch die Möglichkeit der Rückgewinnung gesellschaftlicher Hoheit oder gesellschaftlicher Einflussnahme über und auf staatstragende und Infrastruktur erhaltende Unternehmen (Wasserwerke, Energieerzeuger, Kommunikation, Verkehr …), also gerade solche, welche während der sogenannten Privatisierungswelle in private Hände gewandert sind. Keine Gesellschaft, die sich den umfassenden Verpflichtungen ihrer Bürger gegenüber bewusst ist, kann darauf verzichten. Diese Rückgewinnung muss schrittweise und über einen langen Zeitraum geschehen, damit die Eigentumsrechte der heutigen Besitzer weitestgehend gewahrt bleiben können. Ein guter Start wäre, der Allgemeinheit zu erlauben, die gesellschaftlichen Besteuerungsrechte an den jeweiligen Dividenden in Eigenkapital des Unternehmens umwandeln zu können und dadurch über die Jahre eine entsprechende Beteiligung zurückzuerhalten. Wenngleich Eigentum unantastbar bleiben sollte, wäre es sinnvoll, eine Form von „zeitweisem" Eigentum zu ermöglichen. Dieses sollte lange genug währen, um privatwirtschaftliches Gewinnstreben für die Gesellschaft nutzen zu können, aber auch kurz genug sein, damit die Hoheit und finanzielle Würde einer Gesellschaft nicht ausbluten kann.

Brief sechs

Gesellschaft und ihr Einkommen oder:
„Von sinnlosen Steuern und gerechtem Mehrwert"

Ihr werdet mir zustimmen, dass die soziale Umverteilung in einer Gesellschaft nicht durch nur einen Einzelnen vorgenommen oder bestimmt werden kann. Eine Einzelperson wäre kaum fähig, alle Gesellschaftsmitglieder gleich zu behandeln oder eine faire Entscheidung über die jeweilige Bedürftigkeit und Berechtigung für die Leistung der Allgemeinheit an anderen Mitgliedern dieser Allgemeinheit zu treffen. Deshalb erklären wir, uns als Bürger zur Umverteilung bekennend, an der Wahlurne unser Vertrauen in die jeweilige Gestaltung einer solchen Umverteilung und überlassen sie eigens dafür geschaffenen Institutionen. Nachdem es aber keine Ausgaben in einer Gesellschaft geben kann, ohne entsprechende Einnahmen zu haben (oder zumindest doch die feste Aussicht darauf), müssen wir uns demnach zunächst mit der Einnahmenseite beschäftigen.

Meiner Meinung nach kann sich eine Gesellschaft lediglich auf drei wesentliche Einnahmequellen stützen: Als Teil des öffentlichen Haushaltes verwalten staatliche Einrichtungen das Vermögen aller Bürger und erzielen daraus Einnahmen. Da sind zum Beispiel Einnahmen aus Schürfrechten von Bodenschätzen (Kohle, Erdöl, Gold), aus Wäldern, Mieten öffentlichen Gutes oder Nutzungsgebühren usw. Dann erbringen öffentliche Haushalte und deren Angestellte Leistungen, für die entsprechende Abgaben gezahlt werden müssen, zum Beispiel Gebühren für das Ausstellen eines Reisepasses, einer Baugenehmigung etc. Zu guter Letzt erzielt der öffentliche Haushalt Einkommen aus Steuern auf den Warenverkehr oder auf die Einnahmen seiner Bürger, zum Beispiel durch die Mehrwertsteuer oder Lohnsteuer. Natürlich muss die öffentliche Hand einen Einnahmeüberschuss (Gewinn) erwirtschaften, nur dann kann sie die nicht gewinnbringenden sozialen Verpflichtungen unseren Mitbürgern gegenüber erfüllen und gegebenenfalls ihre Verschuldung abbauen und den aus den Schulden resultierenden Zins bedienen.

Dabei ist für mich von maßgeblicher Bedeutung, dass die Einnahmen der öffentlichen Hand, die durch Abgaben, Gebühren und vor allem durch Steuern erzielt werden, auch tatsächlich ALLE Mitglieder der Gesellschaft betrifft und es keinerlei Schlupflöcher gibt, durch die diese Abgaben und Steuern vermieden werden können (Gleichheitsprinzip). Hier gibt es meines Ermessens nach keinen Gestaltungsspielraum. Wenn wir also nicht sicherstellen können, dass Lohnsteuern tatsächlich von allen Löhnen und Arbeitsentgelten eingehoben werden, da wir möglicherweise gar keine Kenntnis über alle tatsächlich bestehenden Formen von Löhnen oder Arbeitsentgelten haben (siehe Schwarzarbeit …) und dies auch nicht ändern können, dann dürfen wir keine Lohnsteuern mehr einheben. Sie sind nicht mehr zeitgemäß und gehören abgeschafft, denn ein großer Teil aller Mitbürger „umschifft" sie sowieso mühelos.

Die Berechtigung einer Gesellschaft, Steuern zu erheben oder Abgaben einzufordern, fußt einzig und allein darauf, dass diese von allen Bürgern – und von allen in gleichem Maße – entrichtet werden und auch messbar eingehoben werden können. Zugleich muss dieses lückenlos geschehen und darin kontrollierbar sein. Alles andere verstieße gegen den Gleichheitsgrundsatz und würde die gesellschaftliche Bereitschaft zur sozialen Umverteilung vermindern oder aushöhlen. Zwar geraten dadurch möglicherweise einige hochbezahlte Arbeitsplätze in Gefahr, aber wenn es eine eigene Berufssparte gibt, die dafür entlohnt wird (manchmal sogar gegen Erfolgsbeteiligung …), dass sie anderen dabei hilft, Steuern und Abgabenlasten der Allgemeinheit gegenüber zu vermeiden, dann haben wir einen längst überfälligen Handlungsbedarf.

Es geht mir nicht darum, die bestehenden Regeln weiter zu verfeinern, zu verkomplizieren oder etwa Schlupflöcher zu stopfen. Nein, ganz im Gegenteil: Die Bürger und Wähler dürfen doch von einer gesellschaftlichen Lenkung erwarten, dass sie den Gleichheitsgrundsatz umsetzt, oder? Denn um nichts anderes geht es hier schließlich. Wenn die Regeln vereinfacht werden und gradlinig genug sind, kennt sich auch jeder damit aus und ihre

Einhaltung zu vermeiden besteht dann schlichtweg keine Möglichkeit mehr. Steuern zahlen ist wie Eisenbahn fahren, wer keinen Fahrschein hat, kann auch nicht mitfahren. Wenn ich die Fahrscheine nicht mehr kontrolliere oder die Trittbrettfahrer nicht aus dem Zug werfe, dann gibt es bald keine Eisenbahn mehr. Das trifft die Allgemeinheit, denn dort sind viele auf diese Transportmöglichkeit angewiesen. Es gilt also jene zu schützen, die einen Fahrschein haben und die nicht „mit den Achseln zu zucken", wenn da auch welche ohne Fahrschein im Zug sitzen. Nur dann kaufen wieder alle einen Fahrschein.

Es gehört vielleicht politischer Mut zur dringend notwendigen Berichtigung der Einnahmenseite, aber nicht allzu viel Können oder Vorstellungsvermögen, denn in einer Beziehung könnte die Allgemeinheit sofort helfen: Schon nach wenigen Monaten kann man durch Bürgerbefragungen und Nachforschungen im damit beschäftigten Verwaltungsapparat eine Liste jener Steuern oder Abgaben zusammenstellen, die ganz offensichtlich nicht (oder nicht mehr) dem Gleichheitsprinzip unterliegen (also nur von Teilbereichen der Gesellschaft gezahlt werden, weil ein anderer Teil die Zahlung vermeiden oder umgehen kann). Auch hat es hierzu gerade aus den Reihen der mitteleuropäischen Finanzministerien in den letzten Jahrzehnten eine Unmenge von Vorschlägen gegeben. Es gibt also genug Anhaltspunkte und Ideen, die ein umgehendes Handeln ermöglichen würden. Handeln hieße in diesem Falle, die nicht dem Gleichheitsgrundsatz unterliegenden Steuern oder Abgaben schlicht und ergreifend abzuschaffen. Es lohnt sich nicht, Steuer- oder Abgabenvermeider zu kriminalisieren, es lohnt sich nur, eine solche Vermeidung unmöglich zu machen, gegebenenfalls durch Abschaffung bestimmter Steuern.

Auf den tatsächlich bestehenden Spielraum bei der Abgabengestaltung möchte ich noch näher eingehen: Nicht nur vermeidet ein hoher Prozentsatz aller Einnehmenden die Lohn- oder sonstigen Entgeltsteuern, auch versucht sich unser Sozialsystem ja hauptsächlich durch das Zwillingsdasein von Lohnsteuer und Sozialabgabe, den sogenannten „Lohnnebenkosten" zu finanzieren. Gezahlt werden diese sowohl von den Arbeitnehmern und Angestellten als auch von den Arbeitgebern selbst. Obwohl diese schon längst nicht mehr dem Gleichheitsgrundsatz unterliegen und ihr Aufkommen bereits seit Jahrzehnten zu gering ist, um die daraus bestrittenen Leistungen auch wirklich nachhaltig zu bezahlen (und deshalb andere Einnahmentöpfe zu deren Finanzierung mit herhalten müssen …), fällt unserer politischen Lenkung zur Lösung dieses Dilemmas meist nur eine jeweils weitere Anhebung genau dieser Abgaben ein, nicht aber deren Abschaffung oder dringend notwendige Umgestaltung. Damit wird weiterer Vermeidung von Entgeltsteuern und den daran geknüpften Sozialabgaben nur Vorschub geleistet, ein Teufelskreis also.

Deshalb gilt es zunächst, die Ungleichheit des Steuer- und Abgabensystems rückhaltlos abzuschaffen und durch ein in seiner ganzen Bandbreite durchsetzungsfähiges Modell zu ersetzen. Es kann nicht angehen, dass nur jene, welche sich nicht wehren können oder denen aufgrund ihres Berufes oder Einkommens schlicht und ergreifend weniger Möglichkeiten zur Steuer- und Abgabenhinterziehung gegeben sind, die große Masse des Steueraufkommens tragen. Wenn die öffentliche Hand diese dem Gleichheitsprinzip nicht mehr folgenden Steuern abschafft, werden auf der anderen Seite natürlich gewaltige Einnahmen fehlen. Um „gerechte", also dem Gleichheitsgrundsatz entsprechende Gewinne zur Bestreitung der zu erwartenden Ausgaben zu erzielen, muss sie also neue oder doch zumindest ganz andere Formen von Steuern und Abgaben einführen. Dabei sollten wir aus den Fehlern der Vergangenheit lernen und neue Ungleichheiten gleich im Keim ersticken. Es gilt also, einen neuen Grundsatz zu formulieren: Nur was genauestens messbar, unbestechlich kontrollierbar und allgemein leicht verständlich ist, kann eine Steuer oder Abgabe auslösen! Wir sollten uns ruhig vor Augen führen, was in unserer modernen Welt alles längst gemessen wird oder ganz leicht messbar wäre. Wir kennen ja schon länger Einnahmen der öffentlichen Hand, die diesem Grundsatz genauestens entsprechen, zum Beispiel die Mineralölsteuer. Es sollte demnach nicht schwer sein, davon noch einige mehr zu finden und diese ohne längere Vorbereitungszeit bald einheben zu können.

Vorher sollten wir uns vergegenwärtigen, was man denn genau (dem obigen Grundsatz treu folgend …) künftig besteuern oder mit Abgaben versehen will, also welchen politischen Auftrag man der gesellschaftlichen Lenkung diesbezüglich erteilen möchte. Denn dies ist eine Entscheidung von bedeutender Tragweite und führt zur eigentlichen Modernisierung des Systems. Dafür muss man sich in Erinnerung rufen, dass unser veraltetes Einnahmensystem in den letzten dreißig Jahren zu einer krassen Verschiebung im Besitz des vorherigen Volksvermögens geführt hat (von Unter- und Mittelschicht zur Oberschicht) und einen beispiellosen Anstieg des Kapitalvermögens in den Händen weniger ermöglicht hat. Gleichzeitig ist es uns weder gelungen, die Ausplünderung der Bodenschätze und Verschmutzung unseres Planeten zu vermeiden, noch haben wir es geschafft, die Fähigkeit unserer Erde zu bewahren, ausreichend gesunde und saubere Nahrung für alle zu produzieren. Und wir haben schon gar nicht für die zu erwartenden Spätfolgen dieser Fehler entsprechende Reserven bilden können.

Wir sind auch (wobei es keine Rolle mehr spielt, von wem oder wodurch) „hinters Licht geführt worden", wenn es um die angeblich sich gar nicht lohnende Umsetzbarkeit der Eintreibung von Steuern oder Abgaben ging. Auf diese Weise haben wir Vermögenssteuern, Erbschaftssteuern und Abgaben auf Kapitalflüsse, Betriebsweitergaben, um nur einige zu nennen, verloren. Interessanterweise sind das hauptsächlich jene Steuern und Abgaben, die diejenigen getroffen hätten, die es sich ohne Weiteres hätten leisten können, genau diese Steuern und Abgaben zu zahlen. Die Modernisierung des gesellschaftlichen Einnahmensystems muss also außerdem Fehler der Vergangenheit korrigieren können, auch wenn dies nur zeitweise oder teilweise gelingen wird.

Unter der nötigen Korrektur eine schleichende Enteignung oder aber eine „Reichensteuer" verstehen zu wollen, wäre grundverkehrt. Der Eigentumsbegriff ist eine Grundsäule unseres Rechtsverständnisses und unserer Gesellschaftsordnung und darf nicht aufgeweicht werden. Wohl aber führt vermehrtes Eigentum zu vermehrtem Verbrauch und zu stärkerer Inanspruchnahme von öffentlichem Gut sowie mitunter zur Anhäufung von Luxus (unter Luxus im weitesten Sinne sind beispielsweise auch die Wohnfläche oder ein entsprechender Fuhrpark zu verstehen …). Es wird also nicht schwer sein, hier wohlüberlegte Abgabenkorrekturen anzubringen. Es ist weniger als dreißig Jahre her, da gab es zum Beispiel in Österreich eine sogenannte und auch so gemeinte „Luxussteuer", diese könnten wir heute wieder gut gebrauchen.

Ich hoffe, ihr könnt nun schon beginnen euch vorzustellen, auf welche Säulen sich eine moderne Einnahmengestaltung stützen muss. Einmal wäre da die Verschlankung und Vereinfachung des bisherigen Systems und dessen tatsächliche und für alle geltende Umsetzung. In dieser Säule wird es Anpassungen geben, die sowohl auf der steuerlichen als auch auf der Abgabenseite die Oberschicht stärker in die Verantwortung nehmen wird als bisher und es werden Steuern wiederkommen müssen, die von einigen schon als „überwunden" angesehen wurden (siehe zum Beispiel Luxussteuern, Vermögenssteuern oder Erbschaftssteuern), die aber gesellschaftlich notwendig und sinnvoll sind. Dies alles wird aber den Wegfall von unrechtmäßigen, weil nicht dem Gleichheitsprinzip entsprechenden oder schlichtweg veralteten Steuern und Abgaben (wie der Lohnsteuer und den Sozialabgaben) natürlich nicht auffangen können. Deshalb muss sich die moderne Einnahmenseite neben den Einnahmen aus dem Volksvermögen auf zwei weitere Säulen stützen können: Verbrauch oder Gebrauch sowie Mehrwert oder Umsatz.

Widmen wir uns zuerst der vermeintlich einfacheren von beiden Säulen, dem Verbrauch oder dem Gebrauch. Viele Bereiche des täglichen Verbrauchs sind heute bereits nachvollziehbar besteuert und entsprechen dem Grundsatz, dass nur, was genauestens messbar, unbestechlich kontrollierbar und allgemein verständlich ist, mit Abgaben versehen werden darf. Es geht aber nicht nur darum, jene Abgaben einfach zu erhöhen (wobei ich hier ganz bewusst auf die dritte Säule, den Mehrwert oder

Umsatz, erst später eingehen möchte …), sondern vor allem darum, ihre Basis extrem zu erweitern. Unser Verständnis von „Gebrauchen" oder „Verbrauchen" ist viel zu eng und muss drastisch umgestaltet und erweitert werden. In dieser längst überfälligen Umgestaltung muss auch ein viel engerer Bezug zwischen dem Verwender oder Benutzer eines gesellschaftlichen Verbrauchsgutes einerseits und den Kosten eines solchen Gutes für die Gesellschaft in Vergangenheit, Gegenwart sowie Zukunft andererseits hergestellt werden.

Gemessen an ihrer Bedeutung für unseren Lebensalltag und ihrem Wirtschaftsfaktor ist nicht nur der Energie-, sondern auch der Informationsbereich geradezu lächerlich besteuert. Zudem gibt es hier ein krasses Missverhältnis zu den Kosten und Folgekosten für alle, besonders im Energiesektor, welcher im weitesten Sinne den Verkehrssektor mit einschließt (also Güterverkehr, privater Verkehr und die Verkehrserschließung und -erhaltung). Bei einer Gesamtkostenrechnung, welche von der Entstehung bis zur schließlichen Entsorgung eines Gebrauchsgutes (und ein solches ist ja auch ein Elektrizitätswerk oder eine Autobahn …) alle Kosten für die Allgemeinheit mit einschließt, kommt man sehr schnell zu der Erkenntnis, dass auch hier das Gleichheitsprinzip verletzt wird. Denn die eigentlichen Nutzer zahlen anteilsmäßig viel zu wenig und die Allgemeinheit viel zu viel der Gesamtkosten des jeweiligen Gebrauchsgutes. So ist es unlogisch, einem privaten Kraftfahrer nicht etwa die tatsächlich gefahrenen Kilometer als zusätzliche Benutzungsgebühr abzuverlangen (Maut), nachdem die Mineralölsteuer allein ja nicht nur den Straßenverkehr trifft, sondern auch die Kosten all dessen, was transportiert wird, erhöht, also zum Beispiel Lebensmittel und andere Güter.

Umkehren sollten wir in jedem Fall die zurzeit gebräuchlichen Mengennachlässe, dies insbesondere im Energiesektor, wo die sogenannten Bereitstellungskosten und Vorhaltekosten in Wirklichkeit um ein Vielfaches zu Buche schlagen müssten. Unser Allgemeinwesen muss aufhören, jene durch Tarifminderungen zu belohnen, die uns besonders viel an Leistung abverlangen, stattdessen sollten deren Tarife besser potenzial ansteigend erhöht werden. Im übertragenen Sinne gilt dies für alle Versorgungsleistungen unsere Gebrauchsgüter betreffend bis in Ämter und Gemeindestuben hinein. Wer viel in Anspruch nimmt, soll mehr zahlen, nicht etwa gleich viel oder sogar weniger. In dieser zweiten Säule der Einnahmenseite soll also Stück für Stück eine der Realität entsprechende Kostenwahrheit erreicht werden und diese so genau wie möglich an den entsprechenden „Gebraucher" oder „Verbraucher" weitergegeben werden.

Die dritte und entscheidende Umgestaltung aber entfällt auf die Besteuerungsbereiche von Mehrwert und Umsatz. Zurzeit haben wir hier eine Besteuerung, die der „Normalverbraucher" für simpel und ausgereift hält. Aber was wissen die meisten von uns denn eigentlich über diese Steuer? In der Regel doch nur zwei Dinge: Sie trifft nur den Endverbraucher, also den privaten Nutzer oder Kunden, weil sie auf Unternehmensebene vom Rohstoff bis zum Endprodukt einfach nur immer weitergereicht wird, sie wird gelegentlich erhöht, wenn die öffentliche Hand mehr Geld braucht. Dabei wird außer Acht gelassen, welch enormes Potenzial in dieser steuerlichen Abgabe liegt. Sie ist die zentrale Waren- und auch Dienstleistungsabgabe schlechthin, denn über sie lässt sich ganz ausgezeichnet und lenkend in das Allgemeinwesen und die Wirtschaft eingreifen. Keine andere Abgabe oder Steuer hat mehr Gewicht und keine ist geschichtlich besser verankert. Leider wird ihr Wesen zurzeit gründlich missverstanden und dadurch werden die gestalterischen Möglichkeiten, die man durch ihre richtige Verwendung hätte, unnötig vertan.

Um die Mehrwert- und Umsatzsteuer umzugestalten, müssten wir allerdings zunächst zwei ihrer größten Fehler beseitigen. Fehler, die ihr nicht etwa schon „angeboren" sind, sondern die politische Bestechlichkeit und fehlende gesellschaftliche Lenkung im Lauf der Zeit möglich gemacht haben. Erster Fehler: Sie gilt nicht überall (bei jeder Ware oder Dienstleistung) und manchmal nur mit einem unterschiedlichen Satz (zum Beispiel bei Lebensmitteln) und wird zudem in ganz Europa unterschiedlich gehandhabt. Zweiter Fehler: ihre eins zu eins Verrechenbarkeit bzw. Durchreichfähigkeit.

Bleiben wir zunächst beim ersten Fehler, denn dieser lässt sich rasch beheben. Mehrwert- und Umsatzsteuer nicht auf alle Bereiche von Waren oder Dienstleistungen in gleicher Höhe zu erheben, verstößt gegen den Gleichheitsgrundsatz. Entstanden ist diese „Missbildung" über viele Jahre und manchmal durch den politischen Versuch, dem Wähler „ein Stück Zucker hinzuwerfen". Warum sollte etwa die Leistung, ein paar Kartoffeln an den Verbraucher zu verkaufen, anders besteuert sein als der Verkauf des Sackes, um sie darin nach Hause zu tragen? Ganz aktuell werden im Zuge der Krise in Europa ähnliche Ausnahmen schon wieder diskutiert (zum Beispiel Verringerung der Mehrwertsteuern auf Grundnahrungsmittel), sie lenken ja auch so herrlich von den wirklichen Problemen ab. Unser Ziel muss also sein, den gleichen Mehrwertsteuersatz auf alle Leistungen (Verkauf eines Produkts genauso wie Erbringen einer Dienstleistung) anzulegen.

Der zweite Fehler aber ist der wahre Knackpunkt, auch für unser aller steuerliche Zukunft: Es kann keine „Eins zu eins"-Verrechnung und keine Durchreichung von Mehrwert- oder Umsatzsteuern geben. Denn diese Steuern beziehen sich nicht bloß auf Umsätze, sie beziehen sich, wie der traditionelle (und nicht nur deutsche …) Name „Mehrwertsteuer" auch genauestens beschreibt, auf die Tatsache, dass eine Ware oder eine Dienstleistung, während sie bei jemandem in „Obhut" oder „in Verwendung" war, einen „Mehrwert" erfahren hat (deshalb ist es missverständlich und falsch, diese Steuer oder Abgabe „Umsatzsteuer" zu nennen …). Wenn ein Produkt in verschiedensten Schritten weiterverarbeitet, verpackt und transportiert wird, dann muss jeder solche Schritt einen besteuerungsfähigen Mehrwert darstellen und nicht nur der Endverbraucher schließlich die Summe aller aufaddierten Herstellungs- und Verarbeitungspreise in Form einer schlussendlichen Mehrwertsteuer entrichten. Jeden Mehrwert darf und soll die Allgemeinheit besteuern, sie muss es sogar, denn das wirkt in hohem Maße lenkend, weil es eine lokale oder zumindest eine in sich geschlossene Produktionskette begünstigt (also zum Beispiel vom Nahrungsproduzenten direkt und lokal auf den Tisch des Verbrauchers). Je mehr voneinander getrennte Stufen (Durchreichungen) eine Ware durchläuft, desto bruchstückhafter ist die erfolgte Wertschöpfung. Daher muss auf jeder dieser Ebenen, und seien sie nur „Durchhandelsebenen", besteuert werden.

Für eine Dienstleistung, die nicht von ihrer Erfindung bis zu ihrem Verbrauch im gleichen Hause bleibt, gilt dies natürlich sinngemäß auch. Wenn man eine Dienstleistung weiterreicht, dann ist zum Zeitpunkt der Weiterreichung die eigene Wertschöpfung daran beendet und somit der Zeitpunkt der steuerlichen Abrechnung längst gekommen. Es spielt keine Rolle, ob ich diese Dienstleistung dem nächsten „Weiterverarbeiter" oder aber einem Endkunden verrechne (zum Beispiel der Programmierer dem Softwarehersteller, dieser dann dem Großhandel und dieser erst dem Käufer). Dies bekommt insbesondere Gewicht, wenn man es grenzüberschreitend betrachtet. Hier hat die weltweite Vereinfachung dieser Abgabenregeln in Wirklichkeit zu einem Übertrag von Steuerhoheit auf fremde Staaten oder nicht besteuernde Zonen geführt, und jetzt fehlen diese Einnahmen dort, wo die eigentliche Mehrwertleistung erbracht wird.

Wenn bei jedem Verarbeitungs- oder Weiterreichungspunkt einer Ware oder Dienstleistung, also bei jeder Rechnungslegung, die Mehrwertsteuer zum Beispiel um einen halben Prozentpunkt erhöht wird (also dieses halbe Prozent jedes Mal nicht mehr weiterverrechnet oder rückerstattet werden kann), dann erfüllt diese dritte Säule der Einnahmen einer Gesellschaft auch endlich die ihr zugedachte Rolle. Aus einer eins zu eins verrechenbaren Steuer wird eine dynamische und gerechte Mehrwertsteuer. Durch diese drei, einfach und schnell umsetzbaren, Umgestaltungen wäre die Einnahmenproblematik gelöst.

Brief sieben

Gesellschaft und ihre Verhältnismäßigkeit oder:
„Von der Verschuldung der Massen"

Kaum ein Tag vergeht, ohne dass ihr durch die in den Medien ewig wiederholte Darstellung einer angeblichen Bedrohung Mitteleuropas durch die Schuldenkrise oder Finanzkrise in die Irre geführt werdet. Eine Krise haben wir, das stimmt sicherlich, nur wird sie nicht beim richtigen Namen genannt. Deshalb kommen wir wahrscheinlich auch nicht auf bessere Lösungskonzepte. Was wir haben, ist eine Krise der „Selbstehrlichkeit", nicht mehr, aber leider auch nicht weniger. Denn weder in Mitteleuropa noch an dessen Rand oder sonst wo auf der Welt gibt es tatsächlich eine „Schuldenkrise": Unsere Welt, unsere Staaten und unsere Bürger sind rechnerisch vermögend genug, um alle heutigen Schulden mit einem Schlag tilgen zu können, sei dies durch direkte Rückzahlung, durch Umverteilung oder durch Neubewertung. Denn wo Schulden sind, da ist nicht nur ein Schuldner, sondern auch ein Schuldgeber. Es sind zwei Gefäße, die direkt miteinander verbunden sind: Steigt in dem einen die „Schuldensäule", so steigt in dem anderen gleichermaßen die Säule des „ausgeliehenen Geldes". Es passiert also nichts Geheimnisvolles oder etwa schwer zu Erklärendes: Das ganze geschuldete oder verliehene Geld ist ja noch da, es hat lediglich die Besitzer gewechselt. Wirklich interessant oder auch krisenhaft wird diese ganze Ausleiherei erst, wenn wir die Verhältnismäßigkeit einer jeweiligen Schuld bewerten! Jedwede Verschuldung oder Verleihung muss sich ja eigentlich an der erwarteten Verhältnismäßigkeit einer Rückzahlungsfähigkeit messen lassen. Diese Verhältnismäßigkeit wird durch nichts anderes gewährleistet als durch die bestehende oder erwartete Balance zwischen den Einnahmen und Ausgaben eines Schuldners. Niemandem darf Geld geliehen werden, wenn seine jetzigen oder erwarteten Ausgaben über seinen Einnahmen liegen. In der fortgesetzten Missachtung dieses Grundprinzips der Verhältnismäßigkeit liegt die Ursache der „Schuldenkrise". Deshalb kann sie auch nur genau an diesem Punkt gelöst werden.

Ohne eine radikale Neuausrichtung der Einnahmen und Ausgaben unserer Gesellschaft kann die „Finanz- und Schuldenkrise" Europas nicht überwunden werden. Für mich zieht sich diese Forderung wie ein roter Faden durch die dem Haushalt einer Gesellschaft gewidmeten Briefe dieses Buches. Genau das ist es, was ich euch auch am eindringlichsten vor Augen führen möchte: Die eigentliche „Krise" liegt im fehlenden Einnahmeüberschuss. Die Haushalte der europäischen Staaten müssen sich wieder einen Einnahmeüberschuss verschaffen, erst dann können und dürfen sie sich einer Schuldentilgung zuwenden. Ich glaube, die Einnahmenseite einer europäischen Gesellschaft wird sich nur durch drei gleichzeitige, schnelle und mutige Schritte wiederherstellen lassen:

Erstens: Sofortiges Einfrieren aller öffentlichen Schulden bei gleichzeitiger Wertsicherung dieser Schulden (dann wachsen diese nur mehr mit der jeweiligen Inflation und bleiben dadurch wertbeständig), Verbot der Neuverschuldung und das Einstellen aller Zinsendienste auf die eingefrorenen „Altschulden". Schuldenschnitte sind verboten, eine Währungsdiskussion wird durch diesen Schritt ohnehin überflüssig.

Zweitens: Umfassender Umbau des Steuer- und Abgabensystems durch Abschaffung aller direkten Steuern (Lohnsteuern, Einkommenssteuern, Gewinnsteuern etc.) sowie Neugestaltung der Abgaben und Verlagerung der Steuereinnahmen auf indirekte und verbrauchsabhängige Steuern (Mineralölsteuer, dynamische Mehrwertsteuer, Luxussteuern etc.).

Drittens: Rückverstaatlichung von gesellschaftstragenden Versorgungsbetrieben, Infrastruktur und Vorsorgeträgern (Pensionskassen, Krankenversicherungen etc.) bei gleichzeitiger Eindämmung von Arbeitslosigkeit und der Möglichkeit sozialen Missbrauchs durch staatliche Direktbeschäftigung und radikaler Veränderung der Kontrollmaßnahmen.

Nur dadurch kann der ständige Aderlass der öffentlichen Haushalte, also das Ausbluten der werterhaltenden Bausteine der Allgemeinheit, vermieden werden. An den Fehlern der Vergangenheit ist kaum noch etwas zu ändern, man muss diese akzeptieren und nach vorne schauen. Aber Weglegen oder Leugnen darf man sie nicht. Schulden können nicht erlassen werden, denn die Rechnung bezahlen würden (mal wieder) die ohnehin schon sozial benachteiligten „kleinen" Leute, und es käme dabei wiederum zu einem gewaltigen Vermögensübertrag in die falschen Hände.

Durch die Wertsicherung von Altschulden (also deren direkte Bindung an eine eventuelle allgemeine Preissteigerung ...) erübrigt sich in Europa auch jegliche Spekulation über den Verbleib oder Zustand des Euro. Ich sehe den Euro als die entscheidendste Stütze des nötigen Wiederaufschwungs in Europa! Bei der Einführung des Euro in den jeweiligen Ländern wurden die Wechselkurse durch einen breitgefächerten Bewertungsmechanismus festgelegt. Dies liegt in der Vergangenheit und kann nicht mehr verändert werden. Ein Zurückkehren einzelner Euro-Länder in eine eigene und vom Euro abgekoppelte Währung oder ein Ausweichen der finanzstarken Euro-Länder in eine neue (und wiederum gemeinsame ...) Währung käme entweder einem gewaltigen Schuldenschnitt gleich (was es in jedem Fall zu vermeiden gilt, denn ein solcher trifft über die geltenden Vorsorgeinstrumente wiederum hauptsächlich die „kleinen" Leute ...) oder würde eine im internationalen Wettbewerb chancenlose „Neuwährung" der ausfuhrstarken Länder hervorbringen, was dort vorübergehend eine unfassbare Vernichtung von Arbeitsplätzen zur Folge hätte, ohne irgendjemandem damit zu dienen. Deswegen ist die Diskussion über den Fortbestand des Euro im Zusammenhang mit der europäischen Schulden- und Finanzkrise ein reines Ablenkungsmanöver, um sich politisch vor den dringend notwendigen Reformen in der Gestaltung von Einnahmen und Ausgaben zu drücken.

Gerade die ausfuhrstarken Länder (so wie zum Beispiel allen voran Deutschland ...) haben sich seinerzeit durch die Einführung des Euro eine künstliche Abwertung der eigenen starken Währung geschaffen (zum Beispiel der D-Mark ...) und dies über nunmehr fast zwei Jahrzehnte zum Nutzen ihrer Wirtschaft und ihrer innereuropäischen Machtpolitik einsetzen können. Die Einladung von Ländern ohne eine mit den Euro-Kernländern vergleichbare Haushaltsdisziplin, bei gleichzeitiger Versorgung dieser Länder mit der in der gemeinsamen Währung plötzlich möglichen verbilligten Kreditaufnahme, hat ja die Überschuldung dieser Länder überhaupt erst möglich gemacht. Ich habe immer den Eindruck gehabt, dass hinter diesen Vorgängen europäische Machtpolitik (gerade durch Frankreich und Deutschland …) stand und nach wie vor steht. Es nützt den Bürgern Kerneuropas überhaupt nichts, die Angleichung europäischer Steuersysteme, europäischer Finanzaufsicht und gemeinsamer Schuldenaufnahme zu bekämpfen, ganz im Gegenteil: Diese sind eine unausweichliche Tatsache und wir finden uns besser damit ab und blicken nach vorn! Denn die gemeinsame europäische Währung und die Möglichkeit einer gemeinsamen Wirtschafts- und Finanzpolitik ist die Stärke Europas, nicht seine Schwäche. Es muss lediglich eine Neugestaltung dieser Politik durch die europäische Wählerschaft geben, sie muss ehrlich und nachvollziehbar werden und aktiver kontrollierbar sein.

Aber zurück zur Verschuldung an sich, denn ich leugne ja keineswegs, dass es eine solche gibt. Ich meine lediglich, sie ist nicht die eigentliche „Krise": Unmengen von Geld wurden und werden von den Banken und Finanzierungsdienstleistern (als solche operieren längst auch schon die Warenhersteller und Warenverkäufer …) in die Verlockung zur Privatkreditaufnahme gepumpt, immer niedriger wurde die Latte der dafür zu erbringenden Sicherheiten gelegt, wir alle haben das in den letzten dreißig Jahren miterlebt. Was den meisten von uns aber wahrscheinlich verborgen geblieben ist, ist das ungeheure Ausmaß an Verlockungen, denen die öffentlichen Haushalte ausgesetzt waren. Doch dort haben nicht jene entschieden, die das Geld auch selber hätten zurückzahlen müssen, sondern jene, die meist nur für eine kurze Entscheidungsperiode im Amt oder an einer Schaltstelle waren. Und deren Sicherheiten sind einzig und allein wir alle.

Wenn man ehrlich ist, bitte erinnert euch an die Zeiten eures Taschengeldes, dann gibt es doch heute so wie gestern nur zwei Arten von Verschuldung: einerseits Verschuldung, welche kurzfristig eingegangen wird mit der wirtschaftlichen Aussicht auf Rückzahlung, und andererseits eher langfristige Verschuldung, deren Rückzahlung weder aus den damit geschaffenen Einnahmemöglichkeiten noch aus einer Umleitung anderer Einnahmen bewerkstelligt werden kann. Beide Haushalte kennen diese zwei Formen von Verschuldung, die privaten wie die öffentlichen. Aber die Folgen sind jeweils völlig unterschiedlich: Im privaten Bereich folgt bei Nichtbedienung von Schulden der Offenbarungseid (oder der gewaltige Zorn von Mitschülern, von denen ihr euch Geld geliehen habt und plötzlich nicht mehr zurückzahlen könnt …), während im öffentlichen Bereich die eine oder andere Form von Entwertung des gemeinschaftlichen Vermögens all jener Bürger folgt, die sich nicht rechtzeitig wehren können.

Es wäre viel zu einfach, wenn man unter Entwertung nur die sogenannte „Inflation" (also wenn der Warenkorb immer mehr und mehr kostet …) verstehen würde, denn die gesellschaftliche Lenkung (oder zurzeit herrschende Leitung) kennt des Bürgers Zorn und Angst zum Thema Inflation nur allzu genau. Daher ist die Entwertung heute vor dem Bürger geschickt verborgen: Sparguthaben werden nicht mehr verzinst, Volksvermögen wird verkauft („an die Börse gebracht") und öffentlicher Abgabenzwang steht im krassen Missverhältnis zu der dem Bürger dafür vom öffentlichen Dienstleister entgegengebrachten Leistung. Entwertung hat leider viele Gesichter.

Doch zurück zum Schuldenmachen: Es ist uns allen klar, dass die Schutzmechanismen gegen die Überschuldung eines privaten Haushaltes zu wünschen übrig lassen und dringend verbessert werden müssen. Und wenn man darüber nachdenkt, weiß man auch, dass die Schuldenaufnahme umso teurer wird, je mehr private Haushalte ihre Schulden nicht bedienen können, denn am Ende des Tages wird das auf die Kreditzinsen von allen umgelegt. Geht ja gar nicht anders. Also muss man eigentlich nur die Kreditaufnahme für private Haushalte erschweren (und so übrigens ganz nebenbei auch die Werbung für das Schuldenmachen einstellen …).

Welchen Schutzmechanismus aber hat ein öffentlicher Haushalt? Die Bürger kommen jedenfalls heute als Kontrolle nicht vor, die Macht des Bundesrechnungshofes ist lächerlich gering und die meisten öffentlichen Schuldner kontrollieren sich intern oder gegenseitig, noch dazu mit einem Ausbildungsstand, der von „vorgestern" ist.

Die Möglichkeit der öffentlichen Schuldenaufnahme, auch und vor allem der staatlichen Schuldenaufnahme, muss also einem Wirtschaftlichkeitsnachweis folgen, und dieser muss unabhängig kontrolliert werden. Für diese Kontrolle müssen politisch unabhängige Spezialisten herangebildet werden, und zwar sowohl auf Gemeindeebene als auch auf Ebene von Trägerschaften und Staaten. Diese Kontrolle muss dem Bürger direkt verantwortlich sein. Rechnungshöfe oder ähnliche Institutionen gibt es in ganz Mitteleuropa, nur sind sie eben weitestgehend machtlos. Die Wirtschaftlichkeit einer Schuldenaufnahme muss mit den geplanten Ausgaben und Einnahmen in einem ursächlichen Zusammenhang stehen, oder es muss die Umleitung von Einnahmen aus anderen Töpfen klar dargestellt sein und vom Bürger und dessen Kontrolle bejaht werden. Nur so kann eine Verhältnismäßigkeit gewahrt bleiben.

Nachdem jeder von uns wahrscheinlich schon mal Schulden hatte (und sei es nur bis zur nächsten Auszahlung des Taschengeldes …), wir deshalb eigentlich nur zu gut wissen, wie man damit umgehen sollte, und nachdem entsprechende Rezepte dazu auch nicht neu erfunden werden müssen (siehe oben), kann man die sogenannte „europäische Schuldenkrise" also eher gelassen sehen. Denn auch unsere europäischen Nachbarn unterscheiden sich da nicht von Deutschen, Österreichern oder Schweizern, die haben als Kinder auch mal Taschengeld bekommen. Unterschiede gibt es höchstens bei dem Willen zu politischer Verantwortung und der eingesetzten Kontrolle sowie der Möglichkeit dieser Kontrolle, fortwährende

Schuldenmacher zur Rechenschaft ziehen zu können. Neu ist lediglich, dass das Ausmaß der öffentlichen Schulden in Europa einen Stand erreicht hat, der eine Zinsbedienung dieser Schulden unmöglich macht. Dem wird man sich leider stellen müssen, denn sonst kann ein öffentlicher Einnahmeüberschuss nicht wiederhergestellt werden.

Ihr müsst euch aber vor allem auch mit dem „eigentlichen Wesen" von langfristiger Massenverschuldung befassen, um wirklich verstehen zu können, warum wir auf diesem Weg nicht weitergehen können: Wir alle nicken grundsätzlich mit dem Kopf, wenn sich darüber empört wird, dass wir euch, unsere Kinder und Kindeskinder, mit „unseren" Schulden überziehen. Im Prinzip allerdings ist das den meisten von uns völlig egal. Wir tun nur so, als seien wir darüber empört, in Wirklichkeit kümmert es uns nicht sehr. Dies ist nur allzu menschlich und sollte einen nicht verwundern. Die Ausbeutung unseres Planeten und seine Verschmutzung sind der Mehrheit seiner Bewohner ja auch nicht wirklich wichtig. Aber interessanterweise ist dieser Eindruck von der generationenübergreifenden Verschuldung ganz gefährlich falsch und scheint mir von gewissenlosen Nutznießern der Schuldenanhäufung nur deshalb noch verstärkt zu werden, damit wir heute weniger Panik haben und nicht schon längst auf den Straßen demonstrieren.

Es sind nämlich wir, die jene Schulden zurückzahlen werden, unsere Generation und die unserer Eltern, nicht etwa ihr, unsere Kinder, jedenfalls seid ihr es nicht unmittelbar (am ehesten noch durch aus finanziellen Gründen verpasste Bildung, Erziehung und Chancen …). Darin liegt ja gerade die Tücke der Situation. Nicht bezahlbare Schulden führen zu Entwertung, und diese Entwertung passiert jetzt und heute und nicht etwa in einer künftigen Generation. Wir müssen aufhören, uns da etwas vorzumachen. Unser gesamtes Sicherungsprinzip (Versicherungen, Rente und Vorsorge) ist nach dem Rückzug des Allgemeinwesens aus diesen Verantwortungen auf die Kapitalmärkte konzentriert. Jedes Missverhältnis dort feuert direkt zurück in die Entwertung unserer Absicherungsleistungen und Sparguthaben. Es kann gar nicht oft genug aufgezeigt werden, dass der Rückzug des Allgemeinwesens aus der staatlichen Garantie von Absicherung und Vorsorge die Explosion der Kapitalmärkte erst ermöglicht hat. Auch der historisch so noch nie da gewesene Vermögensübertrag von Arm auf Reich und damit das Auseinanderklaffen der Gesellschaft, heute nur mehr gipfelnd im Niedergang der Mittelschicht, ist durch diese Explosion erst möglich geworden. Schlussendlich hat die „Schuldverlockung" auch mit der Notwendigkeit der Kapitalmärkte zu tun gehabt, genau diese unsere Schulden kaufen zu wollen und zu müssen. Und an den Märkten gekauft haben wir und unsere Eltern, nicht etwa ihr, unsere Kinder. „Wir" im Sinne von privaten oder halbstaatlichen Versicherungen, Rentenkassen oder Ähnlichem, welche wir mit unseren Beiträgen gefüttert haben.

Die Unentrinnbarkeit aus dem heutigen Schuldenzirkel wird von eigens dazu berufener und auch bezahlter Presse beschworen, und dabei bis zur Unkenntlichkeit verändert. Zwar werden die Schulden als solche und die damit in Zusammenhang stehenden Probleme nicht geleugnet, mit allem Nachdruck geleugnet wird aber die Unmittelbarkeit, mit welcher diese uns im Hier und Heute betreffen. Wir sind also schlicht „unehrlich". Notenbanken und das nicht mehr existierende Zinsniveau werden als von der Politik unabhängige Institutionen dargestellt, um den gesamten Bankensektor mit einer Schwemme an ständig verfügbarem Geld zu versorgen und „am Leben" für uns alle zu erhalten. Aber gerade das ständige Vorhandensein des billigen Geldes, welches für das Ausklinken aller Sicherheitshinterlegungen verantwortlich war, hat die ganze Schuldspirale doch gerade erst immer weiter angeheizt.

Wie eingangs erwähnt, steht im ganzen Finanzapparat, im gesamten Vermögen aller bei weitem genug an Wert, um alle Schulden dieser Welt abzudecken. In den letzten dreißig Jahren hat sich allerdings eine klammheimliche Verschiebung des Besitzrechts an diesem Vermögen ereignet. Diese Verschiebung ging eindeutig zu Lasten der Mittel- und Unterschicht, denn diese Massen wurden verschuldet, nicht die Reichen. Auch jetzt fordern wieder die „stärkeren" EU-Länder die gleichen Verschiebungsmechanismen von den hochverschuldeten Ländern: Verkauft das Tafelsilber eurer Bürger, die öffentlichen Versorgungsanstalten, Krankenhäuser, Pensionsanstalten, Land, Wälder, Nahrungsmittelproduktion, Gebäude und andere materiellen Rechte, und zahlt damit ein paar Schulden zurück. Dann dürft ihr weitermachen wie bisher. Danach haben einzig und allein die Armen weniger und die Reichen wieder etwas mehr. Die sogenannte „Schuldenkrise" wird dem eigentlichen Sachverhalt also höchstens vorgeschoben, brandgefährlich ist sie nicht, denn das Geld ist noch da, nur liegt es in anderen Händen.

Kommen wir also zur „Krise der Ehrlichkeit", denn das Vorhandensein einer Krise, ja einer epochalen Gefahr, ist ja unbestritten, das will ich ja auch nicht verharmlosen. Ich finde nur, wir sollten „das Kind beim richtigen Namen" nennen: Die europäische Finanzkrise und höchstwahrscheinlich auch die in anderen Teilen der Welt zu spürende Finanzkrise ist keine Schuldenkrise, sondern eine Ehrlichkeitskrise, denn sie ist nichts weiter als ein unnatürlich gewachsenes Missverhältnis von Einnahmen zu Ausgaben, ein Missverhältnis, das eine direkte Auseinandersetzung mit der Verhältnismäßigkeit von Einnahmen zu Ausgaben unumgänglich macht. Wer das Grundprinzip von Einnahmen und Ausgaben nicht beherrscht, der braucht sich auch nicht darüber zu wundern, wenn plötzlich zu viel Minus auf dem Konto steht.

Lasst mich ein wenig zurückblicken: Wir Bürger, und uns ist ja das Prinzip von Einnahmen und Ausgaben durch die eigenen privaten Haushalte durchaus vertraut, geben in unserer Eigenschaft als Wähler unsere Entscheidungsverantwortung für die öffentlichen Haushalte an der Wahlurne ab. Das ist eine Tatsache und diese wird sich auch in Zukunft nicht ändern. Nachdem aber die Bürger als letzte Sicherheit für alle öffentlichen Schulden geradestehen müssen und werden, muss ihnen an dieser Wahlurne meiner Meinung nach künftig auch das Angebot einer Wahl der Kontrolle gemacht werden: einer politisch unabhängigen Kontrolle, welche ein Vetorecht bei öffentlichen Ausgaben hat, dafür erstklassig ausgebildet ist und von den Bürgern auch entsprechend dafür entlohnt wird. „Billiger" (also werterhaltender für die Allgemeinheit …) als „Schuldenmachen" ist das allemal. Vor allem ist es ehrlich!

Es gibt weltweit vereinzelte, leider aber noch nirgendwo eine zusammengefasste Kontrolle der Art, wie ich sie hier fordere. Dort, wo sie vereinzelt und für Teilbereiche des gesellschaftlichen Zusammenlebens besteht, also zum Beispiel bei der Kontrolle von Strompreisen im direkten Zusammenhang mit den Ausgaben für die Stromerzeugung oder bei Frischwasser, Entsorgung und Abwasser sowie bei der Erschließung neuer Verkehrswege, funktioniert das erstaunlich gut. Eine die Allgemeinheit wirtschaftlich schädigende Blockade von wichtigen Vorhaben gibt es nicht durch solche Kontrolle, das wird gerne behauptet, ist aber meiner Meinung nach im Einzelfall noch nie nachweisbar gewesen, ganz im Gegenteil.

Dies beschreibt letztlich doch auch den Kernpunkt der Gesundung von der Schuldenlügerei: Schuldenabbau beginnt einzig und allein bei deren künftiger Vermeidung, deshalb ist ein Umbau des Einnahmen- und Ausgabensystems in Europa die Grundvoraussetzung für die Beilegung der europäischen Finanzkrise und nicht etwa immer höhere Verschuldung oder sonstige wirkungslos verpuffende Einmalmaßnahmen. Es ist doch absurd, wenn einerseits Schulden neu verpackt werden, aber andererseits täglich neue aus den gleichen Gründen dazukommen. Deshalb kann es auch für die „Altschulden" der europäischen Staaten keine weiteren Zinszahlungen mehr geben. Packen wir „das Übel an der Wurzel" und schaffen den Ausgleich zwischen Einnahmen und Ausgaben! Die Glaubwürdigkeit einer öffentlichen Schuldenbedienung ist ein höchstes Gut, jedes Herumspielen damit führt zur Aushöhlung der inneren Werte einer Gesellschaft, wir alle kennen dies aus dem privaten Bereich.

Was also soll mit den bestehenden Schulden passieren? Ganz einfach: Gar nichts! Nachdem genug Geld vorhanden ist, brauchen uns die Schulden zunächst keine allzu großen Sorgen bereiten. Das oberste Ziel öffentlicher Haushalte sollte vordinglich einmal die Ausbalancierung ihrer Einnahmen und Ausgaben sein. Erst wenn dies gelungen ist, kann man sich dem Abbau, also der Rückzahlung von Schulden, widmen. Ein Schuldenschnitt oder eine Abschreibung von Schuld ist ein von den Bürgern nicht gewollter und auch nicht gewählter (hätten denn die Bürger die Chance gehabt, darüber abzustimmen …) Vorgang und widerspricht dem Gleichheitsgrundsatz. Nachdem soziale Umverteilung und die Bereitschaft dazu auf dem Gleichheitsgrundsatz beruht und höchstens in Einzelfällen durch Bedürftigkeit und Not verletzt werden darf, ist ein einseitiger Schuldenschnitt nicht möglich, nirgendwo in Europa.

Praktisch bedeutet das, dass alle öffentlichen Schuldner den Schuldendienst (Tilgung und Rückzahlung) gleichermaßen „über Nacht" einstellen, und zwar so lange, bis sie einen Einnahmeüberschuss erwirtschaften. Dies ist der einzig ehrliche Weg aus der Verschuldung der Massen. Dabei muss eine Neuverschuldung natürlich bis auf Weiteres ausgeschlossen bleiben. Alle öffentlichen Schuldner (zum Beispiel Staaten, Städte und Gemeinden) nehmen gleichzeitig eine Aufrechnung ihrer Gesamtschulden vor, also alte Schuld zuzüglich etwa aufgelaufener (und teilweise schon nicht mehr erfolgten …) Zinszahlungen. Dies ergibt die „Altschulden". Die gesamt berechneten „Altschulden" werden fortan wertgesichert, sie verringern sich also nicht um die europäische durchschnittliche Geldentwertung. Sie sind somit wertbeständig und in gewissem Maße sogar kapitalmarktfähig. Diese Altschulden dürfen erst dann schrittweise getilgt werden, wenn die laufenden Einnahmen eines Schuldners im Jahresmittel über seinen Ausgaben liegen. Um Neuverschuldung zu vermeiden, müssen neue Einnahmequellen erschlossen oder aber Leistungen gekürzt werden. Ideen dazu gibt es genug. Es wird Staaten, Länder, Kommunen oder öffentliche Träger geben, die relativ schnell wieder ihren Schuldendienst aufnehmen können oder ihn sogar nie unterbrechen werden. Andere lassen ihre „Altschulden" wahrscheinlich weit über das jeweilige ursprüngliche Tilgungsdatum stehen, bis sie eines Tages schließlich wieder mit der Tilgung beginnen können. Solche Umschuldung ist erlaubt, solange sie zu keiner Nettoneuverschuldung führt. Aber Zinsen werden auf diese Altschulden nie mehr gezahlt werden.

Sobald der Einnahmeüberschuss erzielt wird, muss die öffentliche Verschuldung (alte Schuld plus die eventuell schrittweise mögliche Neuverschuldung) dauerhaft bei höchstens fünfzig Prozent des Bruttosozialproduktes oder dem einer ähnlichen Berechnungsmethode folgenden Basissatz über die jeweilige Verschuldungslaufzeit festgeschrieben werden. Naturkatastrophen bilden unter Umständen eine kurzzeitige Ausnahme, der aber die Staatengemeinschaft zustimmen muss. Ungleichheiten in der Fähigkeit Einzelner, diesen Plan zu bedienen, wird es geben, diese spiegeln ja dann auch die tatsächliche Situation bestens wider. Das erscheint mir alles nicht schwer und letztlich werden so auch alle Schulden tatsächlich von allen bedient. Die Marktbewertung der einzelnen Schulden erfolgt automatisch über die Erwartung an ihre wahrscheinliche Tilgungslaufzeit. Keine öffentliche Hand entzieht sich ihrer Schulden. Verändert werden nur ganz individuell die Laufzeit und Tilgungserwartung. Nachdem die Altschulden wertgesichert sind, können sie ohne Probleme als Eigenkapital von Banken und Versicherungen dienen, je nach Ausgabeland kann es dabei allerdings zu einem unterschiedlichen Marktwert kommen.

Natürlich müssen diese Maßnahmen zur Massenentschuldung Hand in Hand mit den Veränderungen an der Einnahmen- und Ausgabenseite einhergehen, sie können nicht für sich alleine stehen. Auch wird man eine klare Vorsorge für jene treffen müssen, die auf die laufenden Einnahmen (Zinsen …) aus den öffentlichen Verschuldungen oder deren Tilgungen angewiesen waren. Auch hier kann man aber individuell vorgehen und eine gekoppelte Stundung erlauben (zum Beispiel bei der Auszahlung einer Lebensversicherung, eines Rentenversprechens …). Solche Stundungen müssen sich ganz individuell nach dem Bedürftigkeitsprinzip richten, denn dieses steht noch vor dem Gleichheitsgrundsatz und entspricht daher dem Grundgedanken der sozialen Umverteilung.
Als zusammenfassender Gedanke bleibt die Erkenntnis, dass die „Schuldenkrise" ein durchaus rasch lösbares Problem ist und aus verschiedenen Gründen überbewertet wird. Wirklich wichtig ist die Neugestaltung der

Verhältnismäßigkeit in der Einnahmen- und Ausgabenrechnung und damit ein wirklicher Ausweg aus der „Krise der Ehrlichkeit".

Brief acht

Gesellschaft und Selbstbeschränkung oder:
„Von der Verschuldung des Einzelnen"

Wenn wir uns den Bereich des privaten Verbrauchs ansehen, also das persönliche Konsumverhalten Einzelner, werden wir feststellen, dass wir nirgendwo sonst die Einschränkung unserer Entscheidungsfreiheit und damit des persönlichen Bewegungsspielraumes so leicht in Kauf nehmen wie hier und uns gleichzeitig nirgendwo willenloser und bedenkenloser den Besitzenden (und Immer-mehr-besitzen-Wollenden …) ausliefern. Dabei wäre im Grunde das Wechselspiel zwischen persönlicher Gier, Haltlosigkeit, Maßlosigkeit auf der einen Seite und verführt werden, missbraucht werden und schließlich in Abhängigkeit gebracht werden auf der anderen Seite leicht zu erkennen. Dieses Wechselspiel als unumgänglich zu akzeptieren ist uns aber so zur täglichen Gewohnheit geworden, dass wir es als „zum Leben nun mal dazugehörend" betrachten. Für die Verbrauchsgesellschaft (eine Gesellschaft, in der die Besitzenden jene Konsumgüter produzieren, von denen sie möchten, dass wir alle finden sie erwerben zu müssen …) ist die mögliche Selbstbeschränkung des Einzelnen die allergrößte Verdienstverlustgefahr. Es ist also davon auszugehen, dass die Verbrauchsgesellschaft über viele Jahre Methoden entwickelt hat, den Einzelnen so weit als möglich vom Unsinn jedweder Selbstbeschränkung zu überzeugen, und damit Vorschub zum fortwährenden Selbstbetrug geleistet hat. Leider beißt sich die Katze hier selbst in den Schwanz, denn heute wird klar, dass die Maßlosigkeit der Gesellschaft lediglich ein Spiegelbild des Verbrauchsverhaltens des Einzelnen darstellt, nur noch auf einem weit höheren Niveau.

Ihr seid sicher einverstanden, wenn ich deswegen in jeder Form von Überschuldung eines Einzelnen eine direkte Verbindung zur momentanen Überschuldung der mitteleuropäischen Staaten sehe. Verliert der Einzelne an Freiheit und Bewegungsspielraum durch Überschuldung, verliert letztlich in Summe auch die Gesellschaft an Freiheit und Bewegungsspielraum. Damit verlieren wir alle, also auch jene, die unter Umständen den Verlockungen des privaten Verbrauchs standhafter begegnet sind als andere. Das Verhalten des Verbrauchers ist somit leider von größter Bedeutung für eine Gesellschaft, auch wenn man sich das nicht immer vor Augen führen will. Das Wissen um die eigene Position im Wechselspiel von eigener Verschuldung und Maßhaltung müsste einen ja nicht unbedingt mit großer Sorge erfüllen, solange man noch meint eine Verschuldung mühelos bedienen zu können, aber die Möglichkeit der privaten Verschuldung durch alle anderen kreiert neben diesem zunächst zweidimensionalen Wechselspiel einen Sog in eine dritte Ebene, und ganz wie wir es im Waschbecken beobachten können, werden schließlich alle mit in die Tiefe gezogen. Dies gilt sogar für jene, die sich zunächst noch als die besitzenden Nutznießer des privaten Verbrauchsverhaltens sehen. Denn am Ende des Tages werden Schulden immer von allen gemeinsam bezahlt, egal ob sie durch andere verursacht wurden, dies ist das eiserne Grundgesetz von versicherter Haftung oder versicherbarem Kreditausfall, also von einem auf alle Verbraucher umgelegten Risiko. Denn auch des maßhaltenden Schuldners Zinsen steigen mit der Nichtbedienung von Schulden durch andere. Die Gesellschaft muss daher ein unbedingtes Interesse an der Maßhaltung innerhalb des privaten Verbrauchs haben und kann diese Verpflichtung nicht zugunsten des kurzsichtigen Gewinnstrebens einiger weniger verleugnen.

Meiner Meinung nach resultiert ein gestörtes privates Verbrauchsverhalten hautsächlich aus der Wechselwirkung dreier zentraler Bereiche: Erziehung, Verlockung/Verführung sowie Missbrauchsmöglichkeit, wobei die ersten beiden natürlich in engem Zusammenhang stehen. Wie auch in anderen Briefen dieses Buches erwähnt, lässt sich der alles entscheidende Einfluss von erzieherischem Beispiel und schrittweiser Heranbildung von Selbstdisziplin (und damit der Möglichkeit zur erfolgreichen Selbstbeschränkung) niemals zu gering bewerten. Was wir als eure Eltern in der Erziehung nicht vermitteln konnten, das kann später nur noch sehr schwer Teil eures „gesellschaftlichen Werkzeugkastens" werden. Tatsache ist, dass in vielen Elternhäusern (oder Erziehungsverantwortungen ...) diesen Werten nicht mehr genügend Aufmerksamkeit geschenkt wird. Dabei können nur jene Generationen, die momentan den (vermeintlich unbeschränkten) Zugang zu fast allen Verbrauchsgütern haben, durch andauernde und sofortige Beispielgebung erzieherisch wirken. Es liegt also unmittelbar in unserer Hand, durch vorgelebte Selbstbeschränkung und Selbstdisziplin eine Veränderung des Verbrauchsverhaltens künftiger Entscheidungsgenerationen herbeizuführen.

Gesellschaftliche Beispielgebung durch den Einzelnen kann nur durch Neubewertung persönlicher Ziele und durch aktiven Verzicht geschehen. Dies kann zu jedem Zeitpunkt und gegenüber jedwedem Verbrauch geschehen und braucht nicht viel Überlegung. Sobald der innere Kreis um uns, also Familie, Freunde, Bekannte, Arbeitskollegen und andere, mit uns in ständiger Berührung stehende Menschen, unsere Neubewertung oder unseren aktiven Verzicht erleben, geben wir ein Beispiel. Diesem Beispiel folgen wieder andere, und mitunter sind kleine Schritte dabei viel gewichtiger als große Überlegungen oder Vorhaben. Die Verschwendung von Lebensmitteln, die Maßlosigkeit beim Essen und Trinken oder Ausgehen aufzuzeigen und im Weiteren einzuschränken oder die Zügelung beim Einkauf von Nutzlosigkeiten oder nicht notwendiger Dinge des täglichen Gebrauchs wirken bereits wahre Wunder. Das Gleiche gilt für den ganz bewussten Verzicht auf längst zur Gewohnheit gewordene Bequemlichkeiten. Denn gerade die Beschränkung bei Kleinigkeiten, welche ja in Summe betrachtet den eigentlichen „Verbrauch" ausmachen, ist von großer Beispielwirkung, sowohl nach außen als auch für uns selbst. Es ist hinlänglich bekannt, wie positiv, um nur ein willkürliches Beispiel zu nennen, ein monatlicher Fasttag auf die seelische Befindlichkeit Einzelner wirken kann.

Womit wir beim zweiten zentralen Bereich der privaten Verbrauchsstörung angelangt wären, dem der allgegenwärtigen Verlockung und Verführung: Werbung ist heute vor allem mittelbar, nicht mehr unmittelbar. Das heißt, sie kommt quasi durch die Hintertür und ist oft selbst für eine dafür geschulte Person nicht leicht zu erkennen, ganz anders als zum Beispiel eine direkt auf uns gerichtete Werbebotschaft auf einem Plakat oder im Werbefernsehen. Selbst beruflich Werbetreibende haben heute kaum mehr Einfluss auf das tatsächliche Ausmaß der von ihnen geplanten Werbebotschaften, denn diese neigen dazu, sich zu verselbstständigen. Sie führen, in ihrer Eigenschaft als „Bedürfniswecker", ein nahezu komplettes Eigenleben und machen einen völlig unverdächtigen Eindruck, weil sie ja tatsächlich teilweise ungesteuert sind. Da steht keine Agentur oder Industrie mehr dahinter, auch wenn diese in Einzelfällen ursprünglich als Anlassgeber gedient haben. Werbebotschaften sind heute längst zu einem andauernden „Hintergrundgeräusch" geworden, welches nur vordergründig hier und da von „neuen" Botschaften ergänzt wird. So akzeptieren wir die Markenplatzierung eines Sportschuhs in Kinofilmen bereits als selbstverständlich, achten aber nur mehr darauf, welches neue Modell von Schuh hier platziert wurde. Dieses „Hintergrundgeräusch" ist in den unterschiedlichsten Verkleidungen in jeder Form von Vermittlern oder Übermittlern (also den verschiedensten Medien) zu finden. Es ist unserer ganz natürlichen und menschlichen Unfähigkeit zuzuschreiben, zwischen Geräusch und sinnvollem Gehalt nicht richtig unterscheiden zu können, und so werden diese Verkleidungen von uns selten erkannt und widerspruchslos hingenommen.

Erst wenn ihr euch diese Zusammenhänge vor Augen führt und aufhört, nach irgendwelchen Schuldigen oder Verursachern zu suchen, könnt ihr die volle Tragweite der andauernden „Bedürfnisweckung" erahnen. So sind es die mehr oder weniger zufälligen „Überlappungen" solcher Hintergrundgeräusche, die zum Beispiel einen neuen Trend hervorrufen können. Es macht beispielsweise weder medizinisch noch aus Vorsicht Sinn, beim morgendlichen Joggen den eigenen Atemrhythmus oder Verkehrslärm durch Musik aus einem Kopfhörer zu übertönen, ganz im Gegenteil. Aber das Nebeneinander von Hintergrundmusik in Filmen und einer gleichzeitig laufenden Person hat trendbildend gewirkt, noch lange bevor der erste Jogger mit einem speziell dafür von der Verbrauchsgüterindustrie hergestellten Gerät durch einen Werbefilm gelaufen ist. Auch die scheinbare Verselbstständigung von Werbung im weltweiten Netz lässt sich manches Mal nur so erklären und auch verständlich machen, ja letztendlich sogar nur dadurch akzeptieren. Rechenprogramme stellen, von außen betrachtet scheinbar zufällig, Verbindungen zwischen Sehgewohnheiten, Vorlieben, Häufigkeiten und damit vielleicht möglichen Bedürfnissen her, ohne dabei aber einem speziellen Zielauftrag zu folgen oder folgen zu müssen. Ein solcher ist unter Umständen gar nicht beabsichtigt gewesen. Es ist, als hätten wir so viel ursprünglichen Lärm erzeugt, dass sich nun die Geräusche uneindämmbar weiter fortpflanzen, gegenseitig anstacheln und Bedürfnis um Bedürfnis wecken. Nachdem wir nicht die Selbstdisziplin, Ausbildung und das praktische Wissen besitzen, um uns diesen Hintergrundgeräuschen zu entziehen oder sie schlüssig zu bewerten, können wir der Bedürfnisweckung nicht entfliehen, der Weckung von Bedürfnissen, die wir anderweitig gar nicht haben würden. Nachdem es einem Bedürfnis inneliegt, sich befriedigt sehen zu wollen, verbrauchen wir. Und zwar bei weitem mehr, als wir müssten und als uns und unserer Umwelt guttut.

Es gibt also keinen Knopf, an dem man drehen könnte, um die andauernde Bedürfniserweckung abzustellen. Sie ist da, sie bleibt da und sie wird immer selbstständiger und geschickter. Längst sind unser soziales Umfeld und seine Gewohnheiten oder Häufigkeiten der Hauptvermittler von Bedürfniserweckung. Auch wecken Serien und die einer „angeblichen Wirklichkeit" nachgestellten Mitschnitte oder Filmchen (Reality-TV) erschreckenderweise beim Fernsehpublikum viel mehr an verdeckten Bedürfnissen, als es Werbespots oder Plakate je könnten. Wenn es also kein Entkommen vor dem andauernden Geräusch gibt und es eben nicht jedem möglich ist, sich hin und wieder in eine einsame Hütte zurückzuziehen, um wieder ins Gleichgewicht zu kommen, was kann man dann tun? Wenn man die Bedürfniserweckung nicht eliminieren kann, hat meiner Ansicht nach nur Folgendes eine Wirkung: die ständige und aufmerksame Vergegenwärtigung dieser andauernden Bedürfnisweckung, und zwar die Vergegenwärtigung uns selbst und unserem sozialen Umfeld gegenüber. Das kann man lernen und trainieren. So könnte es uns immer wieder mal gelingen, einen solchen Vorgang frühzeitig zu erkennen und ihm gegebenenfalls entgegenzusteuern. Natürlich können wir dann immer noch die Entscheidung treffen, einen Vorgang wie oben beschrieben willkommen zu heißen. Aber zumindest haben wir so mündig und „sehenden Auges" entschieden. Wir würden auch anderen helfen können, dies zu tun, sofern sie es möchten. Nur die Summe solcher Einzelfälle kann ihrerseits wieder ein Geräusch, eine Bewegung erzeugen, die der Gesellschaft helfen kann, sich aus dem Joch des unverhältnismäßigen Verbrauchs zu befreien.

Kommen wir aber zum dritten und wichtigsten Bereich des privaten Verbrauchs, nämlich der Möglichkeit zur Verschuldung. Im Prinzip könnte es der Gesellschaft ja egal sein, wie wachsam unsere Mitmenschen sind, wie argwöhnisch der andauernden Bedürfnisweckung gegenüber und wie gut ihre Erziehung und Beispielgebung funktioniert, wäre da nicht die Möglichkeit zur Verschuldung des Einzelnen. Erst die Verschuldungsmöglichkeit erschafft den Sog, den Strudel in den Abgrund, der letztendlich alle, auch die eigentlich „Unschuldigen", mit sich zieht. Damit ist unkontrollierte Verschuldung ein Missbrauch an der Gesellschaft. Sie ist im weitesten Sinne eine Form von Freiheitsberaubung, denn sie schränkt ab einem bestimmten Zeitpunkt den Bewegungsspielraum aller Einzelnen in entscheidendem Maße ein, auch jener, die gar nicht verschuldet sind. Sie verhöhnt außerdem das Prinzip der gerechten sozialen Umverteilung, denn letztlich müssen alle für die Schulden einiger aufkommen. Es ist daher meiner Meinung nach geradezu überlebenswichtig für ein Allgemeinwesen, nicht nur die staatliche Verschuldung, sondern vor allem die Möglichkeit der privaten Verschuldung zu reglementieren, zu überwachen und beständig zu kontrollieren.

Es ist ein leider weit verbreiteter Irrglaube zu meinen, dass Geld nur dazu dienen sollte, Tauschgeschäfte zu vereinfachen. Es war von vornherein klar, dass es vor allem dazu geeignet ist, auf der einen Seite Verschuldung und auf der anderen Seite daraus folgende Bereicherung zu ermöglichen. Deswegen gibt es auch mehr Geld als Gegenwert an Waren auf dieser Welt. Für den Einzelnen und die Gesellschaft ist dies nur so lange nicht gefährlich, solange dabei bestimmte Regeln eingehalten werden. Die Regeln für die

96

staatliche Gemeinschaft habe ich an anderer Stelle dieser Briefe aufgelistet. Die Regeln für den privaten Verbraucher sind nicht viel anders: Egal wie man es dreht und wendet, es stellt sich bei der privaten Verschuldung doch letztlich immer die Frage, ob der Einzelne wohl in der Lage sein wird, seine Schulden zurückzuzahlen. Der Einzelne hat im Grunde nur zwei Gegenwerte, die es ihm erlauben dürften, sich zu verschulden: Einmal kann er als Gegenwert etwas einsetzen (verpfänden), das er bereits hat (besitzt) und jederzeit und unter allen Umständen zu Geld machen könnte, und zum zweiten kann er ein Versprechen auf eine zukünftige Einnahme, von der er annimmt (und sein Schuldgeber oder seine Bank anscheinend auch …), dass er diese auch wirklich erhalten wird, einsetzen. Aus diesen beiden Gegenwerten zusammen ergibt sich ein berechtigter „Verschuldungsgegenwert", also ein Betrag, der mit einer ziemlich hohen Wahrscheinlichkeit auch zurückgezahlt werden kann, inklusive der dabei auflaufenden Zinsen.

Die erste Option ist im Verschuldungsgegenwert relativ einfach zu berechnen, solange man entsprechend ehrlich damit umgeht. Ich habe zum Beispiel ein Haus und dies hat einen bestimmten Verkaufswert. Dieser ändert sich zuweilen, je nach Angebot und Nachfrage für dieses Haus, er ändert sich auch je nachdem, wie viele andere Besitzer gleichzeitig Häuser in ähnlicher Lage verkaufen wollen oder müssen und richtet sich natürlich zudem danach, wie gut das Haus „in Schuss" sein wird etc. Weil dieser Verkaufswert sich also ganz ordentlich hin und her bewegen kann, darf der Verschuldungsgegenwert auch nur einen Teil davon (beispielsweise nur die Hälfte …) betragen. Wir müssen als Gesellschaft also zum Schutz der Einzelnen (und damit zu unserem eigenen späteren Schutz …) Obergrenzen für solche Verschuldungsgegenwerte per Gesetz verankern. Bei langer Laufzeit der Verschuldung kann man ja ohne Weiteres alle drei Jahre eine Neubetrachtung vornehmen und den Verschuldungsgegenwert entsprechend anpassen. Nachdem ich auch noch Zinsen für die vereinbarte Laufzeit zahlen muss, kann es durchaus sein, dass der Verschuldungsgegenwert sogar noch geringer ist, zum Beispiel dann, wenn ich kein laufendes Einkommen habe, aus dem ich nach Abzug aller meiner Kosten diese

Zinsen mühelos bedienen kann. So und nicht anders kann ein privater Verschuldungsgegenwert gegen ein bestehendes und unbelastetes Vermögen berechnet werden, alles andere könnte – im übertragenen Sinne – zu moderner Freiheitsberaubung (Zwang, sich für zusätzliches Einkommen zu versklaven) führen oder aber eine unfaire Umverteilung auf die Gemeinschaft auslösen. Davor muss die Gesellschaft die Einzelnen und sich selbst durch Verschuldungsobergrenzen schützen.

Die zweite Option wäre, die Belastungsfähigkeit einer zukünftigen Einnahme zu kalkulieren. Das ist generell eine ausgesprochen zweischneidige Form der privaten Verschuldung: Kaum jemand kann heute mit Recht seine Einnahmen aus Arbeit mehr als sechs Monate im Voraus wirklich bestimmen oder darüber rechnerisch verfügen. Auch andere Formen von Einnahmen müssen in ihrem wirklichen Verschuldungsgegenwert ganz anders berechnet werden, als dies im Moment üblicherweise der Fall ist. Nur der wirklich verfügbare und mit der beschriebenen Vorsicht berechnete Geldgegenwert aus beiden obigen Verschuldungsgegenwerten kann und darf für den privaten Verbrauch eingesetzt werden. Es ist nicht nur die Verpflichtung aller Einzelnen, sondern es ist eine gesellschaftliche Verpflichtung, dafür zu sorgen, dass sich private Haushalte nicht überschulden können. Ein überschuldeter privater Haushalt ist unfrei, ist bewegungsunfähig und wird der Allgemeinheit über kurz oder lang entsprechend zur Last fallen, ganz abgesehen von den im Einzelfall einschneidenden und meistens unglücklichen Folgen für Partner, Kinder und die erweiterte Familie. Dass es in den westlichen Industrienationen immer noch mühelos möglich ist, sich privat zu überschulden (und manchmal nur deshalb, weil es keine ausreichende Zusammenführung aller Daten und deren laufende Überprüfung gibt) kann doch nur damit zu tun haben, dass dadurch im Endeffekt ein anderer Teil der Allgemeinheit mehr als gute Geschäfte macht.

Ich glaube, die Bedeutung der durch zu hohe private Verschuldung entstehenden Unfreiheit und Bewegungsunfähigkeit, das Aufgeben von Selbstbestimmung durch die betroffenen Einzelnen, wird in ihrer gesellschaftlichen Wirkung nach wie vor sehr stark unterschätzt. Für den Einzelnen beginnt sich ein Vorhang zuzuziehen und es wird nicht nur seelisch und menschlich, sondern ganz greifbar auch eine gesellschaftliche Abwärtsspirale in Gang gesetzt, an deren Ende mitunter Arbeitslosigkeit und der völlige soziale Abrutsch stehen. Weite Teile der Allgemeinheit in Mitteleuropa befinden sich, bei einer ehrlichen und auf wirkliche Rückzahlungsfähigkeit gerichteten Betrachtung, in einem Zustand von privater Überschuldung, vergleichbar mit den öffentlichen Haushalten der Staaten, in denen sie leben. Dies hat große soziale Sprengkraft und muss schnellstmöglich berichtigt werden. Der Stress einer fortwährenden Überschuldung führt zudem sehr oft zu partnerschaftlichen oder familiären Problemen und dies mit täglichen Folgen für das Zusammenleben aller. Eine unlösbar scheinende private Überschuldung löst nicht nur Verdruss, Mutlosigkeit und Ohnmacht aus, sie kann im weiteren Verlauf auch eine bestimmte Gewaltbereitschaft sich selbst und seinen Mitmenschen gegenüber freisetzen, mit allen dazugehörenden sozialen Folgen für den Einzelnen und die Allgemeinheit.

Ähnlich wie für die staatliche Verschuldung muss daher auch für die private Verschuldung zusätzlich zu sofortigen Begrenzungsmaßnahmen ein Einfrieren der Schuld („Zinslosstellung") möglich gemacht werden. Gleichzeitig müssen private Schuldübereinkommen oder solche Geschäfte, die den Charakter privater Schuldübereinkommen haben, meldepflichtig gemacht werden, damit sich kein privater Schuldenmarkt entwickeln kann und die Überschuldungsgrenzen nicht umgangen werden können. Bestünde die Gefahr der Umgehung der Überschuldungsgrenze, so wäre diese private Leihe ungesetzlich und sie müsste vom Betreffenden nicht zurückgezahlt werden. Die ungemeldete private Leihe muss in jedem Fall gesetzwidrig sein, nicht nur, wie im Moment, bei Zinswucher. Eine Neuverschuldung ist dann ohnedies nicht möglich. Bei der Bewältigung der bestehenden (mitunter aber bereits eingefrorenen …) Schulden müssen staatliche Anlaufstellen beratend zur Seite stehen.

Sobald sich die Allgemeinheit dem Problem der privaten Überschuldung endlich widmet, entsprechende Regeln dafür erstellt und diese auch durchgreifend umsetzt und überwacht, ergeben sich natürlich weitreichende Folgen für die Kapitalmärkte, das Sparvermögen der Haushalte, Zinshöhen und vor allem das Verbrauchsverhalten. Damit es dabei nicht zu Verwerfungen kommt (also zum Beispiel einseitigen Veränderungen im Steueraufkommen, mangelnder Verfügbarkeit von Sparformen, die bislang von den Banken zur Kreditgewährung verwendet wurden etc.), kann eine solche Änderung nicht für sich alleine stehen, sondern muss im Zusammenhang mit den anderen, in diesen Briefen beschriebenen Maßnahmen gesehen werden. In dem Moment, in dem wir staatliche Schulden einfrieren, müssen wir dies auch auf privater Ebene ermöglichen. Im Idealfall sollte privater Verbrauch in erster Linie aus bereits erwirtschaftetem Geld (Sparvermögen, Erwerbsvermögen) bestritten werden, damit sich die unnatürlich angewachsene Geldmenge innerhalb der einzelnen Staaten schließlich entsprechend zurückentwickeln kann. Alternativen dazu kann ich weder kurz- noch langfristig erkennen, denn in der Überschuldung der öffentlichen und privaten Haushalte Europas liegt die Kernursache für die gegenwärtige Krise.

Brief neun

Gesellschaft und bezahlte Macht oder:
„Von der staatlichen Bestechlichkeit"

An den Wahlurnen geben wir als Bürger unseren gewählten Stellvertretern durch unsere Stimmabgabe Macht. Wir ermächtigen dadurch im buchstäblichen Sinne des Wortes andere, für uns zu sprechen und zu handeln. In Folge fühlt sich der Einzelne dann im politischen Alltag machtlos (er hat seine eigene politische Macht und Stimme ja „abgegeben"). Unsere Stellvertreter, denen die Mehrheit der Gesellschaft ihre Macht übertragen hat, verfügen nun über weit größere Macht, als ein Einzelner je haben könnte. Wenn es Interessensgruppen gelingt, diese gebündelte Macht für sich zu nutzen oder in ihrem Sinne zu beeinflussen, können dadurch ungeheure Verschiebungen von Kapitalströmen ausgelöst werden. Aus diesem Umstand alleine, also der Aussicht einzelner Interessen, durch Beeinflussung politischer Macht zu Geld kommen zu können oder aber den drohenden Verlust von Geld vermeiden zu können, wird die Möglichkeit staatlicher Bestechlichkeit geboren. Doch wäre es meiner Meinung nach falsch, das offensichtliche Vorhandensein von Bestechung und Bestechlichkeit auf die moralische Verwerflichkeit Einzelner zurückführen zu wollen. Um sich vor der staatlichen Bestechlichkeit wirksam schützen zu können, muss man ihre Wurzeln erkennen, bekämpfen und ausmerzen. Dabei hilft es leider nicht, hin und wieder ein „Bauernopfer" zu bringen und Einzelne an den Pranger zu stellen, auch wenn sie es meist wahrlich verdient hätten, denn das eigentliche Übel kann das nicht korrigieren. Die Bestechlichkeit Einzelner spielt sicher eine gewisse Rolle in der öffentlichen Verwaltung, selten aber im großen politischen Geschehen.

Als Erstes müsst ihr euch Folgendes vergegenwärtigen: In Mitteleuropa beruht unser gesamter gesellschaftspolitischer Alltag und alle unseren politischen Entscheidungswege darauf, dass die Bürger mit jenem Machtübertrag an der Wahlurne einverstanden sind. Die dort berufenen Stellvertreter finden sich vorher in Parteien oder parteiähnlichen Schulterschlüssen zusammen und erzählen uns auch vor den jeweiligen Wahlen, so gut sie können, wofür sie, so sie die Stimmen der Einzelnen erhalten, diese Stellvertreterschaft nutzen möchten. Auch ganze Parteien, Verbände, Vereinigungen oder andere wählbare Gruppierungen geben gemeinhin bereitwillig Auskunft über ihre Ziele und ihr Parteiprogramm. Manche lügen auch einfach nur und hoffen auf die Vergesslichkeit ihrer Wähler. Sobald aber eine Wahl vorüber ist und eine Anzahl „neuer" Stellvertreter die übertragene Macht auf sich vereinigt hat (oder „altgediente" darin bestätigt wurden …), kehrt der sogenannte „politische Alltag" ein.

Nachdem in den letzten Jahrzehnten selten eine politische Gruppierung absolute Mehrheiten auf sich vereinigen konnte, ist dieser „politische Alltag" oberflächlich betrachtet ein ständiges Suchen oder Feilschen um Mehrheiten und Koalitionen und somit ein Verhandeln um den kleinsten gemeinsamen Nenner. Ein permanentes Durchwursteln und die Vermeidung von wirklich mutigen Schritten ist die Folge. Unter der Oberfläche allerdings regiert bei den Volksvertretern oft die blanke Angst: Angst, falsche Entscheidungen zu treffen und Fehler zu machen, Angst, in der Öffentlichkeit lächerlich gemacht zu werden, Angst, nicht genug Geld für die Wiederwahlkosten in die Parteikasse spülen zu können, Angst, die ungeheure Schwierigkeit der gestellten Aufgaben nicht verstehen zu können, Angst, nicht richtig informiert worden zu sein usw. Die Liste ließe sich schier endlos fortsetzen. Es ist diese den meisten Stellvertretern gemeinsame Angst, welche sie für Bestechlichkeit und Einflussnahme anfällig macht, sei dies als Einzelner, als Gruppe oder aber als Partei. Zudem sind Volksvertreter sehr oft kaum durch eigene Kraft bis an das Ziel ihrer Wünsche (sprich die machtvereinigende Vertretung) gekommen, sondern sind Teil von Seilschaften. Als solche fühlen sie sich später diesen Seilschaften verpflichtet oder werden von ihnen unter Druck gesetzt.

Natürlich funktionieren diese Angst und leider manchmal auch die Gier des Einzelnen immer wieder als „Türöffner" für die Einflussnahme durch

Interessengruppen. Viele Volksvertreter haben sehr oft keine erfolgreiche andere Berufskarriere hinter sich und werden durch verschiedene Partei- oder Verbandsebenen „nach oben gespült". Sie können daher manchmal nur schwer den Versuchungen wiederstehen, ihr Selbstbild durch die Aufmerksamkeit der Öffentlichkeit zu stärken, und entwickeln Eitelkeiten, die sie zusätzlich zu einem potenziellen Opfer für gezielte Gefälligkeiten machen. Auch treffen sie Mitentscheidungen an möglichen Kapitalströmen, die auf anderer Ebene das Schicksal ganzer Unternehmen oder Wirtschaftszweige bestimmen können. Wenn sie dann einem geballten Bestechungs- oder einem gut geplanten Einflussnahmeversuch ausgesetzt sind, verlieren sie nur allzu oft ihre Unabhängigkeit. Wie schon eingangs gesagt, dieses ist im Grunde genommen kein Problem, denn es ist rasch und ohne großen Aufwand durch eine Reihe von Maßnahmen zu beheben:

Volksvertreter müssen in die Lage versetzt werden, unabhängig entscheiden zu können und dies für die gesamte Dauer jener Zeit, in der sie Macht auf sich vereinigt haben. Auch nach ihrer Amtszeit muss für sie großzügig gesorgt sein, für die Wähler ist das billiger, als wenn sich Volksvertreter zum Ende ihrer Wahlperioden einen Versorgungsjob in der freien Wirtschaft sichern müssen. Denn den bekommen sie nicht geschenkt, dafür haben sie entweder schon etwas getan oder werden etwas tun, das direkt mit ihrer Eigenschaft als „zeitweise (gewählte) Mächtige" in Zusammenhang steht. Die Bezahlung von Volksvertretern während und – für eine gewisse Zeit – nach ihrer Amtszeit muss also hoch genug sein, um sie weitestgehend unbestechlich zu machen. Auch muss ihnen, um Unbestechlichkeit zu fördern und Interessenkonflikte zu vermeiden, jedwede Nebentätigkeit untersagt sein, ob als bezahlter Vortragender, als bezahlter Aufsichtsrat in der Wirtschaft, als Gutachter oder Ähnliches, denn diese Art Tätigkeiten führen unweigerlich zu Interessenkonflikten. Dabei sollte die Allgemeinheit (also wir alle) aufhören, mit Neid auf die Versorgung unserer Volksvertreter zu schauen, denn – wie auch in der öffentlichen Verwaltung – es muss ein Gleichgewicht herrschen zwischen der Tragweite und Bedeutung der Verantwortung für den Haushalt eines Staates und der Bezahlung derjenigen, die diese Verantwortung übernehmen. Meiner Meinung nach hätte kaum etwas anderes eine solch unmittelbarere Auswirkung auf das Wohl der Allgemeinheit als die angemessen hohe Bezahlung unserer Volksvertreter. Es liegt im Interesse aller Wähler, die politische Entscheidung unbestechlich und frei von Einflussnahme zu halten.

Unsere Botschaft als Wähler an den einzelnen Volksvertreter muss hierbei ganz klar sein: Wir sorgen gut für dich, dafür bleibst du unabhängig und bestiehlst nicht jene, die dich mit Macht versehen haben. In diesem Sinne müssen nicht nur die Einnahmen eines Volksvertreters und die seiner Familie öffentlich bekannt und allgemein zugänglich abrufbar sein, es muss zudem dafür Sorge getragen werden, dass im Verdachtsfalle auch die seiner Freunde und Bekannten sofort und unabhängig überprüft werden können. Das muss ja gar nicht in der Öffentlichkeit geschehen, aber über die Berechtigung dazu sollte von vornherein Klarheit herrschen. Stichproben nach einem Zufallsprinzip würden uns Bürgern zusätzliche Sicherheit geben können. Wer Volksvertreter ist, soll dafür hoch entlohnt werden, ist aber der Allgemeinheit auch eine hundertprozentige Offenlegung und Rechenschaft seines Einkommens und seiner Finanzverhältnisse schuldig. In der privaten Wirtschaft (zum Beispiel bei Börsengeschäften) ist es ohne Weiteres heute schon möglich, die gesamte Verwandtschaft oder den Freundeskreis eines Geschäftsmannes oder Börsenmaklers beim Verdacht möglicher Einflussnahme in eine eventuelle Untersuchung mit einzubeziehen. Warum sollte dies nicht bei öffentlichen Ämtern völlig gleich gehandhabt werden?

Wie oben beschrieben, liegt die eigentliche Gefahr für die Bestechlichkeit des Staates aber weit tiefer, nämlich in Art und Aufbau der Entscheidungsbefugnisse über die Einnahmen- und Ausgabenseite des Staates und deren mangelnder Kontrolle. Die Steuer- und Abgabengesetzgebung mit ihren Hunderten von Ausnahmeregelungen und Unklarheiten ist dabei nur eine mögliche Quelle für Auslegungs- und Gestaltungsmöglichkeit. Es gibt zwei weitere und mindestens ebenso wichtige Themenkreise: die kaum nachvollziehbare Existenz und Vergabe von Förderungen (dies hat sich bis auf die europäische Ebene fortgepflanzt …) und die verdeckte Parteienfinanzierung. Alle drei sind gleichermaßen „trockenzulegende Sümpfe", Sümpfe, in denen Interessengruppen heute täglich knallharte Einflussnahme vornehmen. Wenn ich mir den Wildwuchs politischer Steuerungsversuche durch direkte oder indirekte Förderungen vor Augen führe, dann kann ich manchmal zu keiner anderen Erkenntnis kommen, als dass bestimmte „Hürden" in den entsprechenden Beantragungen solcher Förderungen eventuell gewollt aufgestellt wurden, um etwaige Begünstigungen vornehmen zu können.

Die politische Entscheidungsfindung bei der Steuer- und Abgabengesetzgebung stützt sich in der Regel auf eine Reihe von Experten und Informations„sammlern", welche für die Volksvertreter entsprechende Ideen oder Vorlagen aufbereiten. Dabei ist es heute leider bereits vollkommen normal (und überdies sogar teilweise gesetzlich geregelt …), dass Vertreter von Interessengruppen direkt Zugang zum politischen Vorgehen haben. Es werden Sachverhalte von angeblich unabhängigen Dienstleistern (von Industrieverbänden über Institute bis hin zu Universitäten …) zur politischen Entscheidungsfindung aufbereitet, die direkt oder indirekt genau von jenen Interessengruppen bezahlt werden, die sich von einem bestimmten Ausgang einer politischen Entscheidung die meisten finanziellen Vorteile erhoffen dürfen. Oder eine längst überfällig gewordene politische Entscheidung, zum Beispiel im Energiesektor oder in der Telekommunikation, durch ihre Einflussnahme erfolgreich verschleppen oder verhindern. In Einzelfällen arbeiten sie die gesetzlichen Vorlagen gleich selber aus und schieben diese den politisch Entscheidenden einfach unter. Dass dabei auch schon mal ganz unverhohlen mit rechtlichem Widerstand gegen anderslautende oder abweichende Entscheidungen gedroht wird, kommt ohnedies einer Nötigung gleich. Wieso sollte eine politisch richtige Entscheidung (so wie zum Beispiel der Ausstieg aus bestimmten Formen der Energieerzeugung …) durch Ausnutzung juristischer Winkelzüge in ihrer Umsetzung für die Allgemeinheit verzögert oder verhindert werden dürfen?

Hier fehlt es ganz eindeutig an der Offenlegung des gesamten Meinungsbildungsprozesses und jedes Versuches einer Einflussnahme darauf. Eine von den Volksvertretern unabhängige und den Wählern direkt verantwortliche zweite Kontrolle muss künftig die Unabhängigkeit eines politischen Entscheidungsweges überprüfen und nötigenfalls dagegen Einspruch erheben. Dabei muss als Leitfrage dienen, wem in Zukunft die Existenz eines bestimmten Gesetzes finanziell am meisten nützt oder schadet. Vorlagen zu Steuern oder Abgaben müssen einen „Stammbaum" nachweisen, mit dem sich für die Bürger genau nachvollziehen lässt, wie es zur endgültigen Ausgestaltung gekommen ist und wer darauf Einfluss genommen hat. Gleiches gilt natürlich für die dringend notwendige Verschlankung der mannigfaltigen Abgaben und Steuern, denn auch die Abschaffung einer bestimmten Regelung muss in ihrer Entscheidungsfindung nachvollziehbar sein (zum Beispiel der Wegfall der Vermögens- und Erbschaftssteuer in Deutschland).

Das heute geltende Wirrwarr von Förderungen und Zuschüssen ist leider ein riesiges Betätigungsfeld für Interessenvertreter, zudem hat sich für die jeweilige Beantragung ein eigener Dienstleistungszweig herausgebildet. Dies ist volkswirtschaftlich unvertretbar und dient einzig und allein der Begünstigung einiger weniger. Hervorgerufen wurde dies meiner Meinung nach durch Zaghaftigkeit und die vorher beschriebenen Ängste innerhalb der politischen Lenkung. Anstatt Gesetze zu vereinfachen oder Anreize durch kluge Steuerpolitik zu schaffen, wurde hier die „Abkürzung" über Fördermaßnahmen oder Bezuschussung gewählt, auch weil man nicht die Geduld und Sorgfalt hatte, die eigentlichen Gesetzesvorlagen neu zu gestalten. Gerade das Unwesen der Bezuschussung kann uns als Wähler nur in Angst und Schrecken versetzen. Völlig am Gesetzgebungsprozess vorbei können so Unternehmen, Bauvorhaben und Veranstaltungen oder Haushalten von Ländern, Städten und Gemeinden Zahlungen gewährt werden, oft durch die „Packelei" einiger weniger Volksvertreter. Zudem sind die handelnden Personen dabei „leichte Beute" für Bestechlichkeit oder Einflussnahme durch Interessenvertreter. Weil derjenige, der nichts auszuteilen hat, auch nichts einstecken kann, ist völlige Offenlegung und Einschränkung von Förderungsmöglichkeiten oberstes Gebot.

Im Zusammenhang mit diesen beiden obigen Punkten wird euch hoffentlich deutlich, dass Einflussnahme und Bestechung keineswegs direkt mit Geld oder Vorteilsvergabe zu tun haben müssen. Oft sind das von langer Hand gestaltete Prozesse, in denen die Allgemeinheit über Presse und Medien entsprechend zu beeinflussen versucht wird, damit in späterer Folge die jeweilige Förder- oder Zuschussmaßnahme ganz natürlich und unbedeutend ausschaut. Dabei geht es gar nicht um Geld für einen Einzelnen, es geht um die Lenkung der Volksvertretung von außen. Man nehme nur als ganz beliebiges Beispiel den Bund der deutschen Industrie in Deutschland, wenn es um Heizkostenzuschüsse oder Wärmedämmmaßnahmen geht. Das in Mitteleuropa immer noch übliche Schweigen, wenn es darum geht, wer für einen Artikel in der Zeitung oder einen Bericht im Fernsehen die Mittel bereitgestellt oder die Hintergrundarbeit geliefert hat, erschwert es zusätzlich, Einflussnahme zu erkennen. Auch hier kann nur eine unabhängige zweite Kontrolle dem Wähler langsam wieder Sicherheit geben. Zudem gehören meiner Meinung nach die meisten dieser Ausnahmeregelungen, Zuschüsse oder Förderungen schlichtweg abgeschafft oder in die bestehende Gesetzeslage in zumindest nachvollziehbaren Schritten eingearbeitet.

Am unmittelbarsten aber funktioniert die Bestechlichkeit und Einflussnahme bei der verdeckten Parteienfinanzierung. Auch scheinen die Volksvertretungen hier am verwundbarsten, geht es doch um „das eigene Säckel". Es kann doch nicht angehen, dass für die Werbeaussendungen einer Partei Unternehmen die Druckkosten bezahlen, welche dann im Jahr darauf eine öffentliche Förderung oder einen Zuschuss erhalten bzw. vorher bereits erhalten haben. Es drängt sich die Frage auf, wieso eine Partei oder eine auf Spenden zurückgreifende, die gebündelte Macht der Wähler vertretende Gruppierung nicht ganz offen und ehrlich alle Einnahmen und Ausgaben aufdecken kann? Was ist so geheim an Parteispenden? Wieso sollen diese erst ab einer bestimmten Höhe veröffentlicht werden? Und wieso sind sie in einigen europäischen Ländern sogar von der Steuer absetzbar? Unsere politische Entwicklungsgeschichte betrachtend mag es wohl begründbare Beispiele geben, weshalb Parteien, die sich im Untergrund befanden, durch geheime Spenden finanziert werden mussten, heute aber ist das längst überholt. Der Begriff der „Gemeinnützigkeit" (und damit der steuerlichen Absetzbarkeit ...) ist auch in anderen Bereichen zu hinterfragen und gehört meiner Meinung nach in der jetzigen Form abgeschafft. Wenn die Wähler die Arbeit der Parteien und ihren Wahlkampf finanzieren sollen und wollen, dann muss man das ganz offen und ehrlich tun. Jeder mit seinem Namen und entsprechend nachvollziehbar. Statt Wahlkampfkostenerstattung oder offene Parteienfinanzierung über den Bundeshaushalt (wie in Deutschland und Österreich), welche die „alteingesessenen" Parteien eindeutig bevorzugt, sollten sich Parteien oder andere Interessenverbände einzig durch private Mitgliedsbeiträge und private Spenden finanzieren. Jede dieser Beiträge oder Spenden gehört veröffentlicht und muss zudem eindeutig zweckgebunden sein. Auch wäre es richtig, die absolute Höhe eines Beitrages oder einer Spende zu begrenzen, damit nicht auf diese Weise bereits wieder Einfluss auf eine Partei gewonnen werden kann.

Es ist ein gerne verbreitetes „Ammenmärchen", dass Parteienarbeit nur möglich sei, wenn sie durch die Bürger aus deren Steuergeldern finanziert wird (wozu heute der Steuerzahler in Deutschland und Österreich gezwungen ist ...). Das stimmt nur für die Wahlen als solche, also für die Sicherstellung, dass jeder Wähler gleichen Zugang zu Information über einen Kandidaten oder eine Partei hat und auch seine Stimmabgabe jederzeit möglich sein muss. Ein solcher Zugang kann von der Gesellschaft mit öffentlichen Mitteln garantiert werden, solange er in vereinheitlichter Form und ohne Einflussnahme geschieht. Es stimmt aber nicht für die Führung eines Parteiunternehmens (für mich sind die etablierten Parteien Unternehmen ...) an sich und für dessen wirtschaftliche Unterstützung.

Die Verbreitungsmöglichkeit einer Partei sollte auf dem Willen ihrer Mitglieder beruhen, für die Sache (oder das Programm) dieser Partei selber Werbung zu betreiben und weitere Anhängerschaft zu gewinnen, und nicht auf dem finanziellen Erfolg von zum Beispiel Anzeigenkeilerei für die Parteizeitung oder industriellen Spenden an eine der jeweiligen Partei nahestehende Stiftung. Ein Parteiunternehmen hat kein Recht auf öffentliche Finanzierungen aus Steuergeldern, dafür ist der mögliche Interessenkonflikt bei weitem zu groß.

Brief zehn

Gesellschaft und Umlagenvermeidung oder:
„Von der bürgerlichen Bestechlichkeit"

Ich hoffe, ihr könnt mittlerweile mein unbedingtes Bekenntnis zur Notwendigkeit gesellschaftlicher Umverteilung nachvollziehen und ihm beipflichten. Es gibt kaum einen Bereich, der dem inneren Wesen dieses Bekenntnisses mehr widerspricht, als jenen der bewussten Vermeidung der allgemeinen Umlagenverpflichtung oder persönlichen Steuerlast durch die einzelnen Bürger. Es ist dabei zunächst unwichtig, dass in meinen Augen die momentan völlig fehlgeleitete Steuer- und Abgabenlast eine der zentralen Ursachen für die Möglichkeit „bürgerlicher Bestechung" ist. Viel wichtiger ist mir, euch die ganz persönliche „Verstrickung" der Bürger in die allgemeine Umlagenvermeidung aufzuzeigen, denn ich glaube, dass man daraus besonders viel lernen und herleiten kann. Um euch den Zusammenhang von Umlagenvermeidung oder „Schwarzarbeit" mit „Bestechung" wirklich begreiflich zu machen, müsst ihr zunächst deren nahe Verwandtschaft erkennen und auch schließlich als heute alltäglich akzeptieren. Dann erst können wir über die gesellschaftliche Tragweite dieser beiden unheilvollen „Geschwister" sinnvoll nachdenken.

Beschäftige ich mich also mit der Umgehung der allgemeinen Umlagenverpflichtung (weiter unten versuche ich, dies anhand eines konkreten Industriezweiges in seiner ganzen gesellschaftlichen Wirkung und wirtschaftlichen Tragweite zu beschreiben ...), so muss ich mir zunächst vor Augen führen, dass es sich dabei keineswegs nur um einen Randbereich der Wirtschaftsleistung eines Staates handelt. Wir sprechen hier von gut einem Drittel der durch den einzelnen Bürger beeinflussbaren Wertschöpfung eines Staates, und eine solche Größe ist für das Funktionieren oder Auseinanderbrechen eines Allgemeinwesens mitentscheidend. Nachdem dies kein Minderheitenproblem oder Kavaliersdelikt ist, stehen wir vor einer gesellschaftlichen Schwierigkeit geradezu gigantischen Ausmaßes.

Für mich beruht das Einverständnis aller Mitglieder einer Gemeinschaft zur Notwendigkeit gesellschaftlicher Umverteilung (der Starke hilft dem Schwachen …) auf Gleichheitsempfinden, Gerechtigkeit und Fairness. Es ist daher von ungeheurer Sprengkraft, wenn der Gesellschaft bis zu einem Drittel aller Leistungen entgehen, weil sich Einzelne ihrer Umlagenverpflichtungen entziehen. Kaum jemand ist sich gleichzeitig der Bedeutung des Verdrusses von jenen zwei Dritteln der Leistungsträger bewusst, die an dieser Umlagenvermeidung nicht oder nur indirekt teilhaben (können). Nicht nur, dass sich zwei Drittel der Leistungserbringer damit als ungeschützt und wehrlos empfinden, es entsteht auch ein direkter Sog, es dem anderen Drittel irgendwie gleichzutun. Dieser Sog führt zu der Entscheidung, an dem „Karussell" der Umlagenvermeidung teilhaben zu wollen, und sei es auch nur indirekt. Indirekte Teilhabe bedeutet, dass jene, die selber nicht durch Vermeidung von Umverteilungsverpflichtungen zusätzliche Einkünfte oder Ersparnisse erzielen, sich zumindest durch eigenes Einspeisen von Geldern in den Schwarzarbeit- und Schwarzgeldkreislauf einen Vorteil erkaufen können. Nur so ist es zu erklären, dass Haushaltshilfen, Gärtner, Altenpfleger und Kindermädchen nicht sozialversichert beschäftigt und unversicherte Handwerksleistungen in Anspruch genommen werden.

Es ist immer dann ungeheuer schwer, einen gesellschaftlichen Missstand zu bekämpfen, wenn durch Jahrzehnte von Duldung und Nachlässigkeit die Mehrheit der Leistungserbringer bereits zu Mittätern geworden ist. Dennoch ist gerade hier ein richtiggehender „Feldzug" unvermeidlich, wenn wir wieder eine gerechte Basis für die gesellschaftliche Umverteilung erreichen wollen. Um die demokratische Mehrheit und daher den Auftrag für einen solchen Feldzug zu erhalten, muss die ganze Wahrheit ans Licht gebracht und der große gesellschaftliche Bogen der Umlagenvermeidung beschrieben werden. Alle Gesellschaftsformen sind anfällig für Bestechung und unberechtigte Vorteilsannahme, alle Möglichkeiten ausschöpfen zu wollen scheint schlichtweg der menschlichen Psyche zu entsprechen. Der Wunsch, eine gesellschaftliche Gegenleistung leichter, schneller, billiger oder überhaupt erhalten zu können, ist dem System eines gesellschaftlichen Zusammenseins innewohnend. Während der Einzelne in gesellschaftlichen Herrschaftsformen, die ihre Bürger unterjochen, durch seine Quasi-Entmündigung nur wenig Einfluss hat, so ist in einem demokratischen System eine stillschweigende gesellschaftliche Übereinkunft nötig, damit die bürgerliche Bestechung funktioniert.

Zu einer solchen Übereinkunft kann es nur kommen, wenn der gesellschaftliche Gleichheitsgrundsatz und das Gerechtigkeitsempfinden in den Augen des Einzelnen empfindlich gestört sind. Wenn schon die Vermutung einer unfairen Verteilung der Chancen für eine solche stillschweigende Übereinkunft ausreichen kann, dann ist deren Akzeptanz durch die erlebte Wehrlosigkeit des Allgemeinwesens, die mangelnde gesellschaftliche Kontrolle der Praxis und deren ausbleibende rechtliche Ahndung noch ungleich höher.

Damit ist für mich der wichtigste Treiber der bürgerlichen Bestechung bereits entlarvt: Es ist die Übereinkunft einer Mehrheit, dass diese gegenseitige Bestechung überhaupt existieren darf. Diese Übereinkunft ist eine direkte Folge der Machbarkeit von bürgerlicher Bestechung, denn wäre sie durch lückenlose Kontrolle nicht möglich, gäbe es sie nicht oder nur in weit eingeschränkterer Form. Ich möchte euch dabei darauf hinweisen, dass es auf dieser Welt sehr wohl Demokratien gibt, in denen die bürgerliche Bestechung (also jene, die auf Mehrheitsübereinkunft fußt ...) keine oder nur eine geringe Rolle spielt, warum, das wird sich im weiteren Verlauf dieses Briefes zeigen lassen. Aber dies sind immer Länder, in denen die bürgerliche Bestechlichkeit entweder aus gesellschaftlicher Ächtung oder aber durch ein kluges Steuer- und Abgabensystem bzw. durch die Abwesenheit jedweder Umlagenbesteuerung nahezu unbekannt ist (oder geworden ist ...). Bürgerliche Bestechung ist kein „notwendiges Übel" oder eine nun mal nicht wegzubekommende „Begleiterscheinung" von Demokratien, das lässt sich an vielen Beispielen zeigen.

Wenn ich aber – anders als das bei der staatlichen Bestechlichkeit möglich wäre – die ganze Bandbreite unserer bürgerlichen Bestechung sofort sichtbar machen will, dann muss ich mich zunächst mit ihrem „Transportmittel" beschäftigen: Das Transportmittel bürgerlicher Bestechung ist der unkontrollierte Bargeldumlauf und (allerdings zu einem wesentlich kleineren Teil …) das direkte Tauschgeschäft. Unter unkontrolliertem Bargeldumlauf sind weitestgehend jene Formen von Bargeldmitteln zu verstehen, die entweder bereits in direkter Umlagenvermeidung erwirtschaftet werden (Schwarzarbeit …) oder aber zwar legal erwirtschaftet wurden, dann aber in den unkontrollierten Bargeldumlauf eingespeist werden (Bezahlung von Schwarzarbeit …). Beides ist genau, was es heißt, nämlich „Schwarzgeld" (denn wer mit weißem Geld Schwarzarbeit bezahlt, macht es automatisch zu schwarzem Geld …) und beides dient nicht nur der Umlagenvermeidung, sondern in zunehmendem Maße auch der gegenseitigen bürgerlichen Bestechung untereinander.

Der Bargeldumlauf bleibt unkontrolliert, weil er sich vordergründig in die geschützte Nähe freiheitlicher Werte wie Privatsphäre und Selbstbestimmung flüchten kann. Leider schätzen wir diese Werte höher ein als die Bedrohung unseres Allgemeinwesens durch die Umlagenvermeidung und die bürgerliche Bestechung. Niemand möchte, dass der Nachbar ihr oder ihm in die Geldtasche schauen kann oder dass anhand eines Ausgabenspiegels persönliche Vorlieben öffentlich gemacht werden könnten. Wäre dies anders, so gäbe es keine Bargeldmittel ohne genaue Herkunftsbezeichnung und damit nicht die Möglichkeit zu großartiger Umlagenvermeidung oder bürgerlicher Bestechung. Das ist eine Tatsache, der ich mich bei meinem Bemühen, Umlagenvermeidung einzudämmen, natürlich stellen muss: Eine einschneidende Änderung der Bargeldkontrolle wird mit den freiheitlichen Grundsätzen unserer Gesellschaft als unvereinbar empfunden und wird daher wahrscheinlich nicht stattfinden können. Für mich entbehrt dies nicht einer gewissen Komik, denn längst sind auch heute schon Bargeldumläufe auf Einzelne rückführbar, vorhandene Techniken dazu werden aber höchstens hinter unserem Rücken angewendet.

Will ich also dennoch der Umlagenvermeidung und bürgerlichen Bestechung Einhalt gebieten, so muss ich neben den Gründen für die oben genannte Mehrheitsübereinkunft auch deren Transportmittel bekämpfen. In anderen Briefen dieses Buches (siehe Besteuerung und Abgaben ...) habe ich versucht euch zu beschreiben, wie man den Gründen für die Mehrheitsübereinkunft leicht den Boden entziehen kann. Wenn ich zum Beispiel die Lohnnebenkosten des Handwerks weitestgehend abschaffe, dann ist für den Besitzer von weißem Geld der Anreiz, eine Handwerksleistung schwarz zu entgelten, wesentlich geringer als heute, denn er wird die Haftungsleistung des Unternehmers als viel wichtiger einschätzen und entsprechend eine ordentliche Rechnungslegung verlangen. Wenn eine Mehrwertsteuerleistung nicht mehr einfach auf den Endabnehmer durchgerechnet werden kann, dann ist auch das Verhältnis von Wareneinsatz zu Arbeitsleistung nur sehr schwer verschleierbar.

Aber auch für den Umgang mit den direkten Transportmitteln gibt es längst Rezepte: Es wäre leicht, im großen Transportfluss der Barmittel jene herauszufiltern, die ihren Ursprung in der Umlagenvermeidung und bürgerlichen Bestechung haben. Dazu braucht man nur Rechnungslegungsvorschriften zu ändern und die Einnahme von Barmitteln meldungspflichtig zu machen (in Spanien käme niemand auf die Idee, sich darüber aufzuregen, dass eine Hotelrechnung ab einer bestimmten Höhe nicht mehr bar bezahlt werden darf ...). Noch dazu dürft ihr nicht vergessen, dass sich diese Barmittel heute oft in einträchtiger Nähe zu Geldern kriminellen oder ausbeuterischen Ursprungs befinden. Den gesellschaftlichen Willen vorausgesetzt, fehlt es keineswegs an Mitteln zur Sichtbarmachung solcher Geldflüsse (allein im Bauhandwerk würde wahrscheinlich schon die Kontrolle aller Baumarkt-Bonusprogramme die Hälfte der Schwarzgeldflüsse zwischen Leistungserbringern und Schwarzzahlern offenlegen ...), denn gefilterte Bargeldkontrolle ist längst möglich und wird in vielen Bereichen bereits eingesetzt, oft sogar ohne dass dies der Allgemeinheit bewusst ist (zum Beispiel Erforschung von Kaufverhalten). Die Rezepte liegen daher nicht in der gänzlichen Verhinderung des Bargeldumlaufes, sie liegen einzig und allein in dessen Beschränkung: Nachweispflicht über die Verwendung von zusammengezählten Barmitteln pro Jahr ab einer bestimmten Höhe oder die stichprobenartige Gegenrechnung von verwendeten Barmitteln zu nachgewiesenem Einkommen, um nur einige Beispiele zu nennen.

Doch nun zum angekündigten Versuch, die ganze Tragweite der gesellschaftlichen Wirklichkeit von Umlagenvermeidung anhand eines Industriezweiges zu erläutern. Dass ich mich dabei auf einen so offensichtlichen Zweig wie den des Bauhandwerks konzentriere, soll keineswegs darüber hinwegtäuschen, dass es natürlich in anderen Bereichen, zum Beispiel der Medizin, der Landwirtschaft, aller Serviceberufe, ja sogar der Steuer- und Rechtsberatung nicht etwa ebenfalls zu umfangreichen Schwarzgeldflüssen kommt. Die ganze Tragik und Verstrickung dieses gesellschaftlichen Missstandes ist nur im Bauhandwerk am leichtesten für jedermann nachzuvollziehen.

Einige für das Bauhandwerk sehr kennzeichnende Faktoren haben das Entstehen einer doppelten Moral (und Buchführung ...) besonders begünstigt. Da ist zunächst einmal eine Kundenseite, die – zumindest im privaten Bereich – bereit ist, aus weißem Geld Schwarzgeld zu machen (oder bereits über Schwarzgeld verfügt ...), weil für sie nur der Endabnehmerpreis zählt. Das bauhandwerkliche Gewerbe steht zudem in direktem Preiswettbewerb (selten leider einem Qualitätswettbewerb ...) miteinander, denn nur eine verschwindend geringe Anzahl seiner Kunden kann heute noch handwerkliche Qualität erkennen. Die meisten Firmen verfügen über keine geprüfte Buchführung (weil zu klein ...), die Kalkulationsgrundlagen sind von außen selten nachvollziehbar, die Finanzämter wenden keine Kontrollprogramme an (soweit sie darüber verfügen ...) und so gibt es eine Menge unternehmerische Bewegungsfreiheit.

Auf der Unternehmerseite ist diese Bewegungsfreiheit jedoch nur scheinbar, denn es haben sich jenseits vom Preiskampf längst andere (und viel gefährlichere ...) Strukturen herausgebildet: Der handwerkliche Arbeitnehmer betrachtet durch die weitreichende Verseuchung des Sektors mit Schwarzgeldzahlungen sein Regeleinkommen bestenfalls als Grundbezahlung dafür, dass er überhaupt erscheint. Man kann ihr oder ihm auch gar keinen Vorwurf machen, denn die Regeleinkommen (tarifliche Bezahlung als Netto ausgedrückt) spiegeln weder Risiko noch gesundheitliche Belastung des Arbeitnehmers durch die Tätigkeit wider.

Über die umfangreichen Schwarzgeldflüsse bestens informiert (denn sie/er kann diese in seiner Freizeit ja genauso erzielen ...), erwartet sich der handwerkliche Arbeitnehmer einen Anteil am Schwarzgeldeinkommen seines Unternehmers. Nachdem sich die Bruttokosten eines Arbeitnehmers für den Unternehmer in Deutschland und Österreich zum Beispiel im zweieinhalbfachen Bereich bewegen und derselbe Unternehmer vorher im Preiskampf bereits den Schwarzgeldzufluss durch den Kunden gewähren musste (sonst hätte er den Auftrag nicht bekommen ...), schließt sich dann der Kreis. Denn das Unternehmen muss jetzt nicht nur das bereits im „Preiskampf" akzeptierte Schwarzgeld wieder loswerden, es muss sich auch die Arbeitswilligkeit der eigenen Mitarbeiter durch Schwarzgeld „erkaufen", also kommt es zu Mittäterschaft auf allen Seiten und Kriminalisierung eines ganzen Gesellschaftssektors ohne entsprechende rechtliche Ahndung. Ein der Allgemeinheit dienender, auf qualitatives Können zielender und marktwirtschaftlich gewollter unternehmerischer Wettbewerb findet nicht mehr statt.

Gleichzeitig muss die Umverteilung der Allgemeinheit einen weitaus höheren Anteil an Transferleistungen in die handwerklichen Berufe leisten (Krankheit, saisonale Arbeitslosigkeit, Unfallhäufigkeit ...), als ihr von dort in Form von Abgaben zuwachsen kann. Hinzu kommt, dass nur mehr das Schwarzgeld in der Lage ist, die Arbeitnehmer zu diszipliniertem Verhalten (Pünktlichkeit, Arbeitseifer, Qualität, Weiterbildungsbereitschaft etc.) zu bewegen, wenn als Alternative Arbeitslosenunterstützung plus ein paar Tage Schwarzarbeit im Monat für den Arbeitnehmer das gleiche Nettoeinkommen bedeuten. Anders gesagt bedeutet dies ein gewaltiges Auseinanderklaffen zwischen dem normal erzielbaren Regellohn für Arbeit und der Einkommenswirklichkeit eines arbeitslosen Handwerkers, sofern dieser Arbeitslosengeld bezieht und gleichzeitig schwarzarbeitet.

Ich bin aber sicher, dass dieses durch gesellschaftliche Klugheit und beherztes Vorgehen schnell in den Griff zu bekommen ist: Fallen die Lohnnebenkosten weg und wird die Lohnsteuer durch höhere Verbrauchssteuern ersetzt, steigen Nettoarbeitslöhne in die Höhe der heutigen Bruttoarbeitslöhne und der Anreiz zur Schwarzarbeit entfällt für alle Beteiligten. Es wird ja nicht die erbrachte Leistung teurer, sie wird lediglich für alle Verbraucher wieder gleich teuer, das ist der kleine, aber das gesamte Problem lösende Unterschied. Und die Handwerker können arbeitsfreie Tage endlich wieder für ihr Familienleben oder zur Entspannung nutzen, anstatt für ein völlig verzerrtes und sich selbst belügendes System zu schuften.

Dass Schwarzgeld in diesen Tagen direkt zur Arbeitnehmerbestechung verwendet wird, kann ich aus eigener Erfahrung nur bestätigen. Der Bogen spannt sich aber noch viel weiter, denn während bei öffentlichen Aufträgen (zum Beispiel über eine Ausschreibung …) eigentlich eine leistungsfaire und offizielle Bezahlung der erbrachten Arbeit möglich wäre, wird hier oft das durch Bauvorhaben im Privatbereich erhaltene (und noch übrige …) Schwarzgeld für die Beeinflussung des Vergabeprozesses oder die direkte Bestechung von Vergabeentscheidern eingesetzt. So wird die Allgemeinheit (durch nicht wettbewerbsgerechte Vergabe von öffentlichen Aufträgen) wieder zur Kasse gebeten, sie erspart sich also letztlich gar nichts durch die Duldung des Missstandes, sie fördert nur die falschen Werte und kriminalisiert ihre eigenen Mitglieder.

Diese Verkettung von Umlagenvermeidung lässt sich in vielen Bereichen des gesellschaftlichen Wirtschaftens aufzeigen, das Bauhandwerk ist wie gesagt nur einer davon. Die mangelnde Kontrolle des Bargeldumlaufs sowohl beim Zahler als auch beim Empfänger ermöglicht die erste oder direkte Ebene der bürgerlichen Bestechung, bildet aber auch gleichzeitig den Nährboden für eine weiterführende zweite und viel indirektere Ebene. Diese zweite Ebene beruht auf allgemeinem Tauschhandel mit Begünstigungen oder auf Vorteilsannahme. Während dieser Tauschhandel im absoluten Wert wahrscheinlich sogar höher einzuschätzen ist als der direkte Einsatz von Schwarzgeld, findet er gleichzeitig völlig außerhalb eines Bargeldkreislaufes statt.

Die Umlagenvermeidung auf dieser zweiten Ebene ist leider ungleich schwieriger einzuschätzen und damit nur schwer zu beziffern. Sie findet aber dennoch statt, denn jedes Mal, wenn eine Leistung nicht durch den erbracht wird, der dafür offensichtlich am besten geeignet ist, oder eine im Raum stehende, berechtigte Ahndung von Vergehen auf einmal vermieden werden kann, wird der Allgemeinheit ein in Geld messbarer Schaden zugefügt. Wenn der „gute Bekannte" im Finanzamt oder auf der Bußgeldstelle eine finanzielle Ahndung vermeiden hilft oder abmildert, dann fehlt dieses Geld schließlich irgendwo und der Rest der Geahndeten zahlt es in Form von höheren Bußgeldern oder höherem Steueraufkommen mit. Wenn bei öffentlichen Bauten bewusst Qualitätsmängel in Kauf genommen werden, dann kostet das später wesentlich mehr an Reparatur und Sanierung (und dafür kommt letztendlich der Steuerzahler auf).

Die Allgemeinheit macht sich ihre eigene Verstrickung in diese Abläufe nur selten bewusst. Das liegt keineswegs daran, dass der Einzelne nicht etwa in der Lage wäre, den großen Bogen dieses Missbrauchs zu erkennen, jeder erlebt diesen ja täglich im eigenen Umfeld. Es liegt schlichtweg an der Hoffnung, irgendwann selber einmal auf der Vorteilsseite stehen zu können. Ich habe durchaus Verständnis dafür, dass sich die Allgemeinheit keine Doppelmoral aufzwingen lassen will. Sie erwartet von ihrer Gesellschaftsform Klugheit und Wehrhaftigkeit, bleibt diese aus, dann sucht sie den Weg des vermeintlich geringsten Widerstandes, auch wenn sie sich selbst in der Gesamtheit damit großen Schaden zufügt.

Mir ist sehr oft geschildert worden, dass zum Schwarzgeldumlauf und zur daraus folgenden bürgerlichen Bestechlichkeit eben nun mal zwei Faktoren gehören: der Gebende und der Nehmende oder eben der Bestechende und der Bestochene. Diese Feststellung finde ich zu kurz gegriffen. In meinen Augen gehören vier Faktoren dazu: Geber (Bestechender), Nehmer

(Bestochener), die mangelnde Kontrolle des Transportmittels (Bargeld oder Tauschhandel wird nicht geahndet oder rückverfolgt) sowie ein gestörtes Gleichheitsempfinden (durch die Mehrheit geduldete Übereinkunft bezüglich der moralischen Berechtigung zur allgemeinen Umlagenvermeidung). Das Aufrichtigkeitsverhalten der Allgemeinheit ist aber nicht allein Sache gesellschaftlicher Erziehung und Bildung, es hat vor allem mit der richtigen Gestaltung von Steuern, Abgaben und dem aus dem Innersten bejahten Bekenntnis zur Umverteilung zu tun. Für mich kann die konkrete gesellschaftliche Aufgabe, soziale Umverteilung weiterhin möglich zu machen und zu erhalten, daher nur darin bestehen, das Gleichheitsempfinden aller zu schützen, durch faire Gestaltung von Steuern und Abgaben den eigentlichen Anlass zu bürgerlicher Bestechlichkeit aus der Welt zu schaffen und gleichzeitig ihr zentrales Transportmittel, also den Bargeldumlauf, besser zu kontrollieren.

Brief elf

Gesellschaft und ihre Verwaltung oder:
„Von der Überlegenheit des Unmittelbaren"

Damit wir uns mit dem Stellenwert von dem, was ich die „Unmittelbarkeit" einer öffentlichen Verwaltung nenne, beschäftigen können, muss ich euch zu einem Rückblick in die deutsche Geschichte einladen: Es kann aus der Geschichte heraus kaum ein besseres Beispiel für die Bedeutung einer funktionierenden öffentlichen Verwaltung geben als die deutsche Verwaltungsgeschichte unter Reichskanzler Bismarck. Während es selbstverständlich mannigfaltige andere Beispiele geben mag, vom alten Ägypten über Griechenland, Rom und dem Habsburgerreich, so ist es der Aufbau der deutschen Verwaltung und des Beamtentums unter Bismarck, welcher für mich letztlich die außergewöhnliche Stellung Deutschlands im Europa gegen Ende des 19. Jahrhunderts begründet hat. Im Grunde genommen machte erst die straff organisierte „neue Klasse" des deutschen Verwaltungsbeamten (in die ganz bewusst schwer hineinzukommen war …) die ungeheuer schnelle Aufholjagd eines „fast zu spät gekommenen" Industriestaates – ohne nennenswerte Möglichkeit zur Plünderung reicher Kolonien – möglich. Letztlich hat sie leider auch das besonders gute Funktionieren des Schreckens und des Grauens möglich gemacht, den Deutschland in der ersten Hälfte des 20. Jahrhunderts über die Welt bringen sollte.

Wenn ihr jetzt die weitere Geschichte der gesellschaftlichen Verwaltung das 20. Jahrhundert hindurch betrachtet, könnt ihr wiederum in vielen Staaten Mitteleuropas die Überlegenheit einer funktionierenden Verwaltung beobachten. Allein eine funktionierende Verwaltung kann dem an der Wahlurne bestimmten Willen Einzelner zu gesellschaftlicher Umsetzung verhelfen. Ihr könnt gerade heute sehr gut beobachten, wie schwer es ist, einem anderen EU-Mitgliedstaat mit unzureichendem verwaltungstechnischem Rückgrat Hilfe leisten zu wollen, wie viele dieser Hilfeleistungen aufgrund mangelnder Verwaltung hoffnungslos versanden oder schlicht und ergreifend nur mangelhaft bis gar nicht umgesetzt werden können. Das aber gleichzeitig einer guten staatlichen Verwaltungsleistung innewohnende Problem ist deren Hang zur Verselbstständigung, denn sie ist sich ihrer Wichtigkeit in der gesellschaftlichen Umsetzung sehr genau bewusst. Auch deshalb haben gerade Deutschland und Österreich nicht nur in der Vergangenheit, sondern bis zum heutigen Tag ein Problem mit dem, was man als besonders ausgeprägten „Obrigkeitsstaat" bezeichnen könnte, und zwar in zweierlei Hinsicht: einmal bezüglich der Sonderrechte derer, die den Verwaltungsauftrag für die Gesellschaft umsetzen, also der öffentlich Bediensteten, Beamten und in Folge auch des eigentlichen Ausgabenrahmens, und zum zweiten bezüglich der völlig unzureichenden Kontrolle der immer wieder auffälligen behördlichen Willkür, sachlichen Unfähigkeit, Bestechungsanfälligkeit und mangelnden Offenlegung der jeweiligen Entscheidungsgrundlagen. Auch hier wird (wie in vielen anderen Briefen dieses Buches beschrieben) eher vor den Problemen davongelaufen und das (zweifelhafte) Heil in der stärkeren Einbindung der privaten Hand gesucht, obwohl greifende Problemlösungen eigentlich längst bekannt sind und auf der Hand liegen. Es ist nur unangenehm, sie umzusetzen, deshalb beschäftigt sich unsere politische Lenkung lieber nicht damit, zu abhängig ist sie selbst vom Funktionieren ihrer eigenen, teilweise deckungsgleichen Verwaltung.

Ihr müsst zunächst versuchen zu verstehen, dass die Sonderrechte der gesellschaftlichen Verwaltung geschichtlich gewachsen sind und ihre Entstehung vollkommen berechtigt und geradezu nötig war. Um, trotz leerer Staatskasse, der wachsenden Industrialisierung mit ihrem rückhaltlosen Gewinnstreben einen funktionierenden und lenkbaren Verwaltungskörper gegenüberstellen zu können, musste Bismarck diesen Verwaltungskörper mit weitgehenden und sehr langfristigen Vorteilen (Verlockungen) und Schutzmechanismen ausstatten, denn sonst wäre das eben erst unter preußischer Führung vereinigte Deutschland ganz schnell wieder auseinandergebrochen. Das ging übrigens Metternich in Österreich einige Jahre vorher kaum anders, nur waren da die Vorzeichen etwas verschieden.

Aber, wie auch in anderen europäischen Ländern, hinkte die gesellschaftliche Verwaltung ständig der privaten Wirtschaft hinterher und musste bei minimalem Ausgabenrahmen eine immense Arbeit leisten, etwas, wozu sich nur Mitarbeiter ködern ließen, denen man a.) Unkündbarkeit und b.) Konkurrenzlosigkeit versprechen konnte.

Mit den zunehmenden Einnahmen des Staates während des 20. Jahrhunderts, der zunächst flächendeckenden Besteuerung der arbeitenden Massen und immer neuen Abgabenformen erweiterte sich dann aber der Ausgabenrahmen der gesellschaftlichen Verwaltung signifikant. Heute stellt er nach den Schulden- und Zinsendiensten den bei weitem größten Ausgabenkorb weltweit. Geblieben ist es jedoch bei den alten Sonderrechten, denn mit ihnen konnte nach wie vor die Duldsamkeit der Ausführenden gegen ein im Vergleich zur Privatwirtschaft niedrigeres Gehalt eingekauft werden. Eine grobe Kurzsichtigkeit unserer politischen Lenkung und von uns allen, als an der Wahlurne entscheidende Einzelne, eine klare Vernachlässigung des Themas. Eine wirkliche Erneuerung der gesellschaftlichen Verwaltung steht bis heute aus, sowohl auf der Einnahmen- als auch auf der Ausgabenseite, in jedem Fall aber bei der leistungsgerechten Entlohnung derer, welche die Hauptlast der staatlichen Machtausübung für die Allgemeinheit schultern. Gleichzeitig wurde die direkte Leistungskontrolle der Verwaltung immer weiter von uns Bürgern entfernt und in die Hände der Politik gelegt. Genau dort gehört sie aber am wenigsten hin, denn die Politik ist ja selbst ein Teil der bürgerlichen Verwaltung, wenn auch bei den handelnden Personen meist auf die jeweiligen Wahlperioden beschränkt. Zwar hat die politische Lenkung vollkommen andere Aufgaben als die tägliche Verwaltung der Gesellschaft, sie ist aber dennoch in diese eingebettet und kann sie nicht auch noch selber kontrollieren dürfen.

Die politische Lenkung bewusst ausklammernd, sollten wir es als Bürger in einer modernen Gesellschaft eigentlich nur mit sieben großen Verwaltungsbereichen zu tun haben: Einnahmen und Ausgaben, Bildung und Kultur, Familienverbände und Versorgung, Recht und seine Durchsetzung,

Vorsorge und öffentliches Gut, Wirtschaft und Arbeit sowie zu guter Letzt die Kontrolle der vorangegangenen sechs Bereiche (neuer Rechnungshof). Alle gesellschaftlichen und bürgerlichen Belange lassen sich unter diese sieben Hauptbereiche gliedern. Sechs davon können eine oder mehrere politische Führungen haben, selbst wenn diese von täglicher Verwaltung keinen blassen Schimmer haben sollte, der siebte allerdings natürlich nicht. Sofern wir als Bürger mutig entschlossen sind, die gesellschaftliche Verwaltung zu erneuern, brauchen wir nichts weiter zu tun, als diesen siebten Bereich erstklassig aufzuwerten und seine Führung außerhalb der politischen Willensbildung zu rekrutieren, am besten direkt an der Wahlurne und gewählt für einen längeren Zeitraum. Gebraucht werden hier lediglich klare Machtbefugnis und ausreichender Sachverstand. Dieser Sachverstand kann im Rahmen öffentlicher Ausschreibungen leicht gefunden werden, die Macht aber müssen die Bürger an der Wahlurne gesondert verleihen. Deren Unabhängigkeit der Politik und den sechs anderen Bereichen gegenüber muss gesetzlich verankert werden.

Diesem „neuen Rechnungshof" mit umfassender Autorität kommt zunächst die lenkende Aufgabe der längst überfälligen Erneuerung der gesellschaftlichen Verwaltungsbereiche zu. Dies wird keineswegs so schwer werden, wie es vielleicht vordergründig den Anschein haben mag, denn der Erneuerungswille der Verwaltungsbereiche ist ja bereits vorhanden! Ich habe mehrfach als externer Beurteiler an der Bewertung von verwaltungsinternen „Verbesserungsprogrammen" teilgenommen, und es war ganz erstaunlich, wie radikal und logisch einige der dort gemachten Vorschläge waren. Aber eigentlich ist das gar nicht so unnatürlich, denn wer anders als die Ausführenden selbst sollen die besten und umsetzungsfähigsten Ideen haben? Es wäre ja fast absurd, wenn wir die Ausführenden eines Verwaltungskörpers, um den uns fast die ganze Welt beneidet, nicht zuallererst und vordringlich mit dessen Erneuerung beauftragen. In jeder Polizeidienststelle, in jedem Gericht, jeder Schule und in jedem Arbeitsmarktservice sitzen Tausende, die bei marktgerechter Entlohnung und gesellschaftlichem Ansporn (statt Anfeindung …) die Erneuerung ihres direkten Umfeldes aus der Schublade ziehen könnten, wenn ihnen die Eckpunkte dieser Erneuerung durch die Wähler vorgegeben würden. Sobald diese Erneuerung auf den Weg gebracht ist, kann sich der siebte Bereich auf die laufende Begleitung und Kontrolle konzentrieren und der dringend notwendigen Aufarbeitung von Fehlentwicklungen oder Diebstahl am Allgemeingut in der jüngeren Vergangenheit widmen. Dass an deren Aufklärung der Einnahmen- und Ausgabenbereich überaus interessiert sein sollte, habe ich in anderen Briefen schon ausgeführt.

Die oben erwähnten Eckpunkte der Erneuerung des gesellschaftlichen Verwaltungskörpers sind von uns als Bürgern an der Wahlurne zu bestätigen und damit „als in Auftrag gegeben" zu verstehen: Verwaltung ist ein Dienst: Der Dienstgeber ist die Gesellschaft, also die Allgemeinheit aller Bürger. Und für erstklassige Bezahlung kann die Gesellschaft erstklassige Leistung erwarten. Wir müssen nur das Wechselspiel von Leistung und deren laufender Kontrolle wieder in den öffentlichen Dienst einführen. Es gibt weltweit genügend Beispiele für Bürgernähe, Bedienbarkeit, Verständlichkeit, Qualitätskontrolle und Einfallsreichtum in der gesellschaftlichen Verwaltung, nur findet man zugegebenermaßen selten alle diese Tugenden an einem Fleck. Genau das aber sollte unser Ziel sein, und wem sollte das eher gelingen als einer mitteleuropäischen Verwaltung mit ihrer beispiellosen geschichtlichen Herkunft und Bedeutung? Es kann ja zum Beispiel nicht verkehrt sein, wenn man nach dem Besuch des Finanzamtes einen Anruf von dort erhält und nach seiner Kundenzufriedenheit gefragt wird oder danach, ob denn das vorgetragene Anliegen wirklich ordentlich, schnell und sachlich richtig gelöst wurde.

Wenn wir die Mitarbeiter im öffentlichen Dienst zu mehr Bürgernähe und Einfallsreichtum anregen möchten, müssen wir ihnen helfen, ihre Dienststellen neu zu bestimmen, umzugestalten und gegebenenfalls umzugründen. Dabei werden Fehlentwicklungen unvermeidbar sein, doch solche muss sich die Allgemeinheit leisten können und wollen, denn am Ende soll ja ein verschlankter und schlagfertiger Verwaltungsapparat stehen. Warum nicht den Dienststellen die Entscheidung über den eigentlichen Aufbau ihrer Serviceeinrichtung, ihre Leistungsbreite, ihre Arbeitszeiten etc. geben? Das kann in seiner Funktion immer wieder von der neu erstarkten Leistungskontrolle überprüft werden, bis es schließlich von allen Beteiligten als eine deutliche Verbesserung empfunden wird. Wenn es manchmal dann trotzdem mittelfristig nicht klappt, müssen wir eben innehalten, erneut nachdenken und von vorne anfangen. Solange es ein funktionierendes und schnell eingreiffähiges Widerspruchsrecht gibt, ausgeübt durch den Kontrollbereich und von Bürgern direkt anrufbar, steht einem weit höheren Ermessensspielraum seitens des öffentlich Bediensteten überhaupt nichts im Weg. Letztendlich erwartet die Gesellschaft im Grunde nicht mehr, als endlich die sinngemäße (im Gegensatz zur rein „papiergemäßen") Umsetzung ihrer Regeln. Sicherungen eines Arbeitsplatzes auf Lebenszeit oder sonstige Begünstigungen sind in einem solchen System völlig unnötig, dazu ist es in Zukunft hoffentlich zu transparent und nachvollziehbar leistungsgerecht bezahlt.

Es kann durchaus sein, dass dies in einigen Verwaltungsbereichen zu großen Überraschungen führt. Aber wo immer weltweit bisher mit einem größeren Ermessensspielraum des einzelnen öffentlichen Bediensteten experimentiert wurde, hat dies meiner Erfahrung nach nachweislich mehr Vorteile als Nachteile für die Allgemeinheit gebracht. Allein bei der Abkürzung von Verfahrensdauer, Erhöhung der Reaktionsschnelligkeit, Zielsicherheit einer rechtlichen Ahndung oder Strafe und Berechenbarkeit in der Verteidigung gesellschaftlicher Werte können Meilensteine in kurzer Zeit erreicht werden. Ein Verwaltungsstrafrecht, in dem es Jahre dauert, bis überhaupt erst einmal die bislang liegen gebliebenen Fälle bearbeitet sind, kann ja wohl nicht im Interesse der Allgemeinheit stehen. Auch im Strafrecht sollte unser Rechtssystem, welches aus Verteidigung, Anklage und Rechtsprechung durch den Richter besteht, viel kundenorientierter (der Kunde ist ja die Gesellschaft oder Allgemeinheit im Gesamten!) organisiert werden, sonst ist der ganze rechtliche Ahndungs- oder Strafcharakter nicht mehr gegeben. Dazu gehört vor allem, die Arbeit dieses Rechtssystems zügig abzuwickeln und dem „Kunden" verständlich darstellen zu können. Rechtliche Ahndung oder Strafe muss – so irgend möglich – immer zunächst ein Dienst an der Gesellschaft sein, nicht eine Verwahrung auf Kosten der Allgemeinheit. Ich würde sogar so weit gehen und sagen, dass es für die Arbeit der Polizei (die aber sicherlich den Gleichheitsgrundsatz ganz besonders im Auge behalten muss …) durchaus von Vorteil sein kann, wenn den einzelnen öffentlichen Bediensteten hier mehr Ermessensspielraum bei der Entscheidung, ob und wie eine polizeiliche Handlung oder Ermittlung erfolgt, eingeräumt werden würde.

Wenn wir die neu festgelegten Familienverbände oder familiären Netzwerke stärker in Betreuungs- und Versorgungsarbeiten einbeziehen wollen, dann muss es für einen die Mittel (unser aller Geld …) dafür verwaltenden Mitarbeiter eines Jugendamtes, Sozialamtes oder einer Krankenversicherung möglich sein, auch ungewöhnliche und sehr auf den Einzelfall zugeschnittene Maßnahmen setzen zu können. Sonst werden hier weder Kundenähe noch mittelfristig Ersparnisse für die Allgemeinheit erfolgen. So ist auch der Nutzen, den Private oder Unternehmen möglicherweise aus der Inanspruchnahme öffentlichen Gutes ziehen, in seiner Beurteilung jeweils ein Einzelfall. Heute entgeht der Gesellschaft, durch mangelnde Anwendbarkeit oder Genauigkeit der dafür ursprünglich formulierten Regeln und Gebote, oft eine entsprechende Besteuerung oder Abgabenleistung dieser Nutzen. Oder es passiert das genaue Gegenteil: Obwohl die Allgemeinheit größten Nutzen ziehen könnte, wird durch widersprüchliche Abgabenleistung und Besteuerung die sinnvoll zu gewährende Inanspruchnahme öffentlichen Gutes unmöglich gemacht. Auch hier kann ein größerer Ermessensspielraum eines über beste Kenntnisse für den einzelnen Fall verfügenden Sachbearbeiters viel Geld sparen oder erwirtschaften helfen.

Im Übrigen kann die Zeit des regelmäßigen sozialen Dienstes aller Mitglieder der Allgemeinheit (siehe andere Briefe dieses Buches …) in Beurteilung und Kontrolle der Funktionsfähigkeit von öffentlichen Ermessensspielräumen sehr sinnvoll eingesetzt werden, denn hier bringt der immer wiederkehrende Wechsel in der Blickrichtung des Beurteilenden eine erhöhte Überwachungsleistung für die Gesellschaft. Man kann sich sicherlich unschwer vorstellen, dass gerade die täglich damit befassten Ausführenden am besten wissen müssten, wie Abgaben sinnvoll und lückenlos einbringbar gestaltet werden könnten und wie nicht umsetzbare Regeln und Gebote verändert oder auch ganz gestrichen werden müssten. Die Bereitstellung von Arbeitsmöglichkeiten (und die Ausbildung zur Arbeitsfähigkeit in solchen …) ist ein weiterer Bereich, der heute im Grunde brachliegt. In den wenigen Ansätzen, die man sehen kann, wird von der gesellschaftlichen Verwaltung, ohne ein nachhaltiges Ergebnis zu erzielen, eine Menge Geld verschwendet. Selten reden öffentliche Stellen und betroffene Ausbildner stärker aneinander vorbei als beispielsweise bei der Lehrlingsausbildung. Gepaart mit den Problemen aus den Verschiebungen im gesellschaftlichen Wertesystem kann hier heute im Verhältnis zu den dafür aufgewendeten Mitteln fast nichts erreicht werden. Dies weiß ich aus eigener Erfahrung in unseren eigenen Unternehmen. Deshalb zucken auch alle Beteiligten lediglich mit den Schultern, wenn sie auf mögliche Verbesserungsvorschläge angesprochen werden. Zu groß ist die Zerfahrenheit dieser Situation! Auch hier müssen wir öffentliche Gelder und deren Vergabe jeweils nur von Einzelfall zu Einzelfall durch Einbindung aller vor Ort befindlichen öffentlich Bediensteten und Beurteilenden zur Verfügung stellen. Ähnlich verzettelt haben wir uns leider bei der Wiedereingliederung von Arbeitslosen in den Arbeitsmarkt.

Öffentliche Verwaltung muss letztlich unmittelbar bleiben oder es wieder werden, nur dann kann sie ihren neu verliehenen Ermessensspielraum richtig und zum Wohle aller einsetzen. Auch das Internet bietet hierzu eine Unmenge Chancen, viele seiner Möglichkeiten wurden noch nicht erkannt oder werden – obwohl erkannt – noch nicht eingesetzt. Würde man alle weltweiten Beispiele von bewiesenermaßen gut funktionierender behördlicher Betreuung über das Internet, gerade auch aus Schwellenländern, zusammentragen, deren Anwendbarkeit in Mitteleuropa prüfen und, modifiziert, als „Werkzeug" einsetzen, käme es zu einer schlagartigen Verringerung der Kosten in der öffentlichen Verwaltung bei einer gleichzeitigen Erhöhung der Bürgernähe (Computer schlafen ja bekanntlich nicht ...). Eine Entwicklung, bei der alle nur gewinnen können und die nicht schwer ins Leben zu rufen sein würde.

Es ist meiner Meinung nach sachlich falsch, in der Ausweitung von Ermessensspielräumen Einzelner innerhalb des öffentlichen Dienstes eine Gefahr für die Allgemeinheit zu sehen. Die kann nur sehen, wer heute ein unrechtmäßiger Nutznießer des bestehenden Systems ist. Mehr Willkür und Bestechung anstatt mehr Bürgernähe und Schlagkraft wird nur dann entstehen, wenn die begleitenden Kontrollmaßnahmen (also die Aufwertung des siebten Bereiches, von dem ich in diesem Brief spreche) nicht umfassend genug sind. In diesem Bereich müssen sich die Bürger unabhängig gegen eine nicht funktionierende Verwaltung zur Wehr setzen können. Ein Rechnungshof hat politisch unabhängig besetzt zu sein und muss über eine blockierende Macht verfügen. Es ist hier, wo die klarsten und fähigsten Köpfe der Gesellschaft zusammenwirken müssen, wo man sich regelmäßig abwechselt, selbst überprüft, weiterbildet und wenn nötig ständig neu erfindet. Die durch die begleitende Kontrolle und Qualitätssicherung der anderen sechs Bereiche schlagend werdende Kostenersparnis im öffentlichen Dienst wird diesen „neuen Rechnungshof" mit mehr als genügend Mitteln ausstatten können, gleichzeitig wird er schließlich einen hohen finanziellen Gewinn für uns alle erzielen, von der Verbesserung des Verhältnisses zwischen der gesellschaftlichen Verwaltung und ihren Bürgern ganz zu schweigen.

Brief zwölf

Die Gesellschaft und ihre Gesetze oder:
„Von der Einhaltung der Regeln"

Wie ihr schon seit frühester Kindheit wisst, macht ein Miteinander (zum Beispiel beim Spielen …) nur dann Sinn und Spaß, wenn alle sich an gleiche Voraussetzungen oder vorher ausgehandelte Vereinbarungen halten. In eurem späteren Leben sind das die Gesetze oder Gebote und Regeln, welche wir uns im Lauf der Zeit gegeben haben. Sofern diese eine Daseinsberechtigung haben und dauerhaft verankert und befolgt bleiben wollen, müssten sie meiner Meinung nach lediglich zwei Grundsätzen folgen: Erstens muss sie jeder verstehen können und zweitens muss ihre Befolgung kontrollierbar sein bzw. ihre Nichtbefolgung rechtlich geahndet werden können. Andere Grundsätze gibt es meiner Meinung nach nicht, denn auf diesen beiden beruht unser gesamtes Gerechtigkeitsverständnis und damit unsere Bereitschaft, sich Regeln, Geboten und Gesetzen zu unterwerfen. Wenn also ein Allgemeinwesen diese beiden Grundsätze nicht garantieren kann, dann haben die entsprechenden Gesetze, Gebote oder Regeln in seinem Alltag nichts zu suchen und müssen daraus entfernt werden.
Hierbei sind ganz bewusst nicht etwa die Menschenrechte, die Pflichten und Gebote der Religionen und der gesellschaftlichen Moral oder die Eckpfeiler der Grundgesetze gemeint. Die interessieren mich in diesem Zusammenhang gar nicht, weil sie normalerweise über Erziehung und Bildung verankert werden und die Gründe ihrer Nichtbefolgung auch dort zu suchen sind, nicht in ihrer eigentlichen Unverständlichkeit oder in ihrer Aushöhlung durch andauernde Vernachlässigung und Straffreiheit (seht dazu auch Brief vierzehn). Hier beziehe ich mich einzig und allein auf jene Flut an Gesetzen, Geboten und Regeln, welche von einem großen Teil der Bürger nicht mehr in ihrem ursächlichen Sinnzusammenhang gesehen werden kann oder aber deren Nichtbefolgung als lässlich oder straffrei erlebt wird. Im sozialen Alltag unseres Miteinanders muss also eine sofortige Änderung eintreten, wenn es uns gelingen soll, den sinnvollen

Teil jener Gesetze, Gebote und Regeln zu bewahren und ihre Befolgung sicherzustellen.

Um uns diesen sinnvollen Teil wieder vor Augen führen zu können, sollten wir zunächst das gesamte Gesetzes-, Gebots- und Regelwerk unseres Miteinanders durchforsten und auf seine allgemeine Verständlichkeit hin überprüfen. Dies muss von einer eigens dazu berufenen Gruppierung als große Reformaufgabe in Angriff genommen werden. Ziel sollte dabei sein, einen großen Teil aller bestehenden Gesetze, Gebote oder Regeln überflüssig zu machen und die verbleibenden wiederum für alle allgemein verständlich und nachvollziehbar zu formulieren. Ein solcher Schritt verzahnt sich natürlich mit den gleichfalls vorgeschlagenen Vereinfachungen und Verschlankungen in Steuer- und Abgabengesetzen, dem Wegfall von Ausnahmeregelungen und einer (auch sprachlichen) Bürgernähe der Verwaltung, so wie ich sie in meinen anderen Briefen beschrieben habe. Aber der für mich wesentlichste Grundzug dieser Reform muss die Überlegung sein, künftig Gesetze, Gebote und Regeln ihrem Sinn nach umsetzen zu dürfen und nicht etwa nur nach „ihren Buchstaben". Die schlimmste Verkrüppelung unseres Rechtsstaates ist die Abkehr von dem, was man gemeinhin den „gesunden Menschenverstand" nennt und dessen fortwährender Verhöhnung. Wie konnte es passieren, dass wir heute zum Beispiel der Entscheidung eines Richters nur so wenig und nur so engen Spielraum lassen? Wir verfügen doch über die lückenlose Möglichkeit, uns gegen richterliche Willkür oder Dummheit in einer eventuellen Berufung zu wehren, und sollten daher keine Angst davor haben müssen. Aber so, wie heute gehandhabt, haben wir nicht nur die Schnelligkeit, Unmittelbarkeit, den Einfallsreichtum und die Weisheit bei der Umsetzung von Gesetzen, Geboten und Regeln verloren, wir haben auch das mit dem gesunden Menschenverstand einhergehende instinktive Gerechtigkeitsgefühl verloren, etwas, das eigentlich jeder von uns schon im Sandkasten besessen hat.

Die hier geforderte „neue Verständlichkeit" unseres Regelwerkes hängt ganz unmittelbar mit der Schnelligkeit seiner Aufbereitung zusammen, weil es dadurch lebendig und bürgernah gehalten werden kann. Ein „gesunder Menschenverstand" will bei allen Beteiligten andauernd trainiert werden und muss sich daher in Übung halten. Darunter ist die ständige Hinterfragung, die immer wiederkehrende Beurteilung von Machbarkeit und Sinnhaftigkeit von Gesetzen, Geboten und Regeln zu verstehen. Das muss als ständige Leistung einer bestimmten Gruppierung in jährlichem Rhythmus und unter Beteiligung aller betroffenen Bürger geschehen und offen diskutiert werden. Um eine solche ständige Leistung frisch und am Leben zu erhalten und die Beteiligung aller daran fortwährend sicherzustellen, muss man den Einfallsreichtum und auch den möglichen Widerstand der damit täglich befassten Mitglieder der Gesellschaft geradezu provozieren. So könnte die oben beschriebene Gruppierung nicht nur Menschen aller Altersstufen und Berufszweige umfassen, sie könnte ohne jedes Problem auch Mitglieder von Randgruppen, Gefangene, Bestrafte oder Verkehrsrowdys als Mitglieder haben. Ihre Debatten sollten Gegenstand der öffentlichen Berichterstattung in Presse, Medien und Fernsehen sein. Das wäre dann wie eine Heimwerkersendung oder ein Kochkurs, nur wesentlich interessanter, meint ihr nicht auch?

Ein solcher Schritt zur neuen Verständlichkeit muss natürlich auch mit einem neuen Ansatz in Kontrolle und rechtlicher Ahndung (Sanktionierung) einhergehen, denn dort hapert es am meisten. Dazu muss es zunächst ein erneuertes Bekenntnis der Allgemeinheit zur Durchsetzung ihrer Gesetze, Gebote und Regeln geben. Als Allgemeinheit müssen wir uns dazu bekennen, dass gleichzeitig mit der Vereinfachung und Wiedernahebringung von Recht und Ordnung auch deren unmittelbare Kontrolle und eventuelle rechtliche Ahndung einhergehen müssen. Aber es müssen eben auch diese Kontrolle und Ahndung ihre ausgetretenen Pfade verlassen und weitaus einfallsreicher werden. Wie schon in anderen Briefen dieses Buches beschrieben, muss eine Gesellschaft bis zu einem gewissen Grad immer lebendig bleiben, Widerspruch herausfordern und manchmal überraschend reagieren, wenn sie die so dringend notwendige Beteiligung aller (oder zumindest vieler …) am Gemeinwesen sicherstellen will. Es gibt weltweit eine Vielzahl an Einzelideen, an denen wir uns orientieren und ein Beispiel nehmen können, wir müssen nur den Mut haben, „über den Tellerrand hinauszuschauen". Kontrolle muss für mich unmittelbar und schnell sein. Sie muss in einer Form gestaltet sein, die es möglich macht, ein jedes Mitglied einer Gesellschaft in der gleichen Art und Weise zu kontrollieren. Kann sie dies nicht, so darf sie nicht angewendet werden. Kontrolle soll und darf keine Freiheiten einschränken, aber die Gesellschaft muss sich doch im Falle des Falles schnell zur Wehr setzen können. Wir verfügen über alle notwendigen Mittel, Missbrauch von Kontrolle zu verhindern. Da, wo wir dies noch nicht tun, können wir solche Mittel rasch einführen. Dies geht Hand in Hand mit dem Wunsch, die Befolgung unserer Regeln besser kontrollieren zu können.

Entweder wir kontrollieren zum Beispiel die Einhaltung von Geschwindigkeitsbegrenzungen oder wir tun es nicht. Dazwischen gibt es keine Grauzone. Wenn Lastwagen über Fahrtenschreiber verfügen, warum dann nicht Personenkraftwagen? Wenn der berechtigte Verdacht eines Kapitalverbrechens besteht, wieso können wir nicht die ja längst vorhandenen neuen Technologien einsetzen, um die Aufenthaltsorte unserer Mitbürger zu bestimmen oder zu hinterfragen? Wenn man Schwarzarbeit in Handwerk und Bauwesen hätte verhindern wollen, dann wäre es doch schon seit Jahrzehnten ganz leicht gewesen, Materialeinkauf nur mehr bargeldlos zu gestatten und jeden Käufer und Bauherrn zur Aufbewahrung aller Belege zu verpflichten. Mitteleuropa, und allen voran Deutschland, ist eine der in Bargeld „verliebtesten" Regionen überhaupt. Das liegt unter anderem daran, dass sich der Einzelne von der Gesellschaft nicht kontrollieren lassen möchte, auch wenn wir uns damit alle schaden.

Wieso sollte es unzulässig sein (so wie in einigen Ländern ohne jedes Problem üblich …), vom vorgelebten Lebensstandard Einzelner, also den ganzen Aufwendungen des täglichen Lebens, bis hin zu Reisen, Fuhrpark, Wohnen und Luxus auf die mögliche Einnahmenseite dieser Einzelnen zu schließen? Wenn jemand eindeutig mehr ausgibt, als durch sein Gehalt oder Vermögenszuwachs erklärbar ist, dann hat doch die Allgemeinheit das Recht, hier nachzufragen oder zu kontrollieren, denn sie tut dies ja, um ihr eigenes Rechtsverständnis zu schützen und sich gegen Missbrauch zu wehren. Wenn ganze Bereiche des täglichen Lebens über elektronische Medien abgewickelt werden können, dort also zum Beispiel Spielsucht und Wettsucht anerzogen und ausgelebt werden können, der Handel mit pornographischen Bildern von Kindern abgewickelt werden kann oder sich Parallelwelten mit Plattformen sozialer Erpressung, Entfremdung oder Vereinsamung erschaffen lassen und sich dadurch mitunter der Kontrolle oder auch des Zugriffs der Gesellschaft entziehen können, so war dies nie gewollt. Weder von den Erfindern des Internets noch von dessen Nutzern. Es ist daher unumgänglich, die ganze Bandbreite des möglichen Missbrauchs und der Vermeidung von gesellschaftlicher oder rechtlicher Ahndung innerhalb der neuen elektronischen Medien und des Netzes zu erkennen und der Allgemeinheit ihre Kontrollhoheit wieder zurückzugeben. Kontrolle ist ein lebenswichtiger Bestandteil des Bekenntnisses zu Gesetzen, Geboten und Regeln, und sie ist dort in ihrer heutigen Form nicht anwendbar, weil sich unter der Berufung auf die Privatsphäre alle Kontrolle vermeiden lässt.

So schrecklich ich den sorglosen Umgang mit sozialen Medien und jederzeit wiederherstellbaren elektronischen Postwegen oder Ortsbestimmungen von Personen auch finde und euch oft davor gewarnt habe, so sehr glaube ich, dass deren leichte Nachvollziehbarkeit als Mittel der gesellschaftlichen Kontrolle eingesetzt werden darf und soll. Wir können uns auf der einen Seite nicht ständig und unaufhaltsam technisch „veröffentlichen", auf der anderen Seite aber den gleichen Schutz unserer Privatsphäre fordern, wie ihn zum Beispiel das Postgeheimnis vorsieht. Wenn wir nicht offenlegen, was für einige im Hintergrund längst offen ist, und dies nicht in unseren Kontrollauftrag mit einbeziehen, sind wir als Gesellschaft schutzlos und verletzen am Ende des Tages dadurch den Gleichheitsgrundsatz. Die gesellschaftliche Kontrolle ist für mich unabdingbar, sie muss schnell und vor allem für alle gleich sein. Die wiederholte Nichtbefolgung von Gesetzen, Geboten und Regeln muss geahndet und gegebenenfalls bestraft werden. Womit wir zum Endpunkt dieser Kette kommen: der rechtlichen Ahndung und Bestrafung. Eine wehrhafte Gesellschaft, in der die Gesetze, Gebote und Regeln für alle Bürger leicht verständlich und nachvollziehbar gestaltet sind, die sich durch Kontrolle jederzeit und für alle bemerkbar in die Position einer logischen Beweisführung bringen kann, eine solche Gesellschaft wird meiner Meinung nach schließlich auch weit weniger Notwendigkeit zur rechtlichen Ahndung, und in Folge Bestrafung, haben. Kaum einen Vorgang aber bewältigt die heutige Gesellschaft weniger zielführend als den der rechtlichen Ahndung und Bestrafung. Nicht nur ist der Bereich der Ahndung weitgehend unterentwickelt, die Bestrafung und ihre Methoden führen leider allzu oft nur noch zu größerer Gewaltbereitschaft, rufen weitere gesetzesbrecherische Eigenschaften in den Betroffenen hervor oder sind, wie im Jugendstrafrecht, geradezu die Brutstätte neuen gesellschaftlichen Unheils.

Ein Vergehen zu ahnden, anstatt zu bestrafen, ist eine große Herausforderung für all jene, die damit von Berufs wegen umgehen müssen; sei dies die Polizei, eine Verwaltungsbehörde oder das Finanzamt. Es betrifft jeden, alle Mitbürger. Dabei verstehe ich unter „Ahndung" Folgendes: eine Gesellschaft muss sich maßvoll verteidigen, das heißt, sie muss den Betroffenen immer die Möglichkeit zur Besserung und Einsicht lassen, ohne dass die Allgemeinheit sie bereits „verurteilt" hätte. So ist Ahndung zwar im weitesten Sinne eine erzieherische Maßnahme, sie ist aber dennoch auch Vorstufe zur Bestrafung und deutliche Warnung. Ihre Anwendung beruht auf der Erfahrung, dass Erziehung heute vielfach „aus der Mode" gekommen ist und gerade Jugendliche kaum einen Rückhalt in einem eigenen Wertesystem finden. Deshalb bedarf es einer Vorstufe zur Bestrafung, um berichtigend, ja möglicherweise „heilend" oder „schützend", eingreifen zu können. Es dreht sich aber keineswegs nur um von Jugendlichen, sondern auch um von gestandenen Erwachsenen begangene Gesetzes- und Regelverstöße, wie zum Beispiel Abgabenhinterziehung oder Sozialbetrug. Ahndung muss meiner Meinung nach in jedem Falle einen Sachbezug zum erfolgten Gesetzesbruch, der Gebotsverletzung oder dem Regelverstoß haben. Sie muss in einer Art und Weise erfolgen, die den Betroffenen ihre vorhergehende Handlungsweise aus einem anderen Blickwinkel zu sehen hilft. Möglicherweise muss man dabei sehr einfallsreich und ungewöhnlich vorgehen.

Dienst an der Allgemeinheit, angefangen vom sozialen Bereich bis hin zu Reinigung und Aufräumen, wird sich in vielen Fällen ausgezeichnet eignen.

Aber auch weit darüber hinausgehend ist es nicht einzusehen, wieso Formen von Ahndung nicht die direkte Auseinandersetzung mit dem Erlebnis oder der Aufklärung gleichartiger Verstöße bedeuten kann. Auch hier gibt es weltweit zahllose und ganz beachtliche Beispiele mit einer nachgewiesen hohen Erfolgsquote, angefangen beim Säubern einer verursachten Verschmutzung bis hin zum Schutzdienst von Opfern, welche man vorher in Bedrängnis gebracht hatte. So wie es die Pflicht der Gesellschaft ist, schnell und treffsicher zu kontrollieren, so ist es auch ihre Aufgabe, über die Möglichkeit der Ahndung eine Besserung zu bewirken oder anzustoßen. Das ist keineswegs „sozialromantisch" gemeint, ich mache mir da nichts vor, es ist nur der absolut notwendige Versuch, im Vorfeld einer Bestrafung über eine Ahndung einen Bezug zwischen dem eigentlichen Verstoß und der deshalb ausgesprochenen Maßnahme herzustellen und so hoffentlich Einsicht hervorzurufen und weitere Verstöße zu vermeiden. Gleichheitsgrundsatz bedeutet hierbei Gleichheit in dem, was bei den Einzelnen eine Ahndung auslöst oder auszulösen imstande sein mag. So ist das Schweizer Vorbild, zum Beispiel Verkehrsstrafen auch in Abhängigkeit zum Einkommen des Verursachers zu verhängen, durchaus ein Schritt in die richtige Richtung. Wenn es dann aber doch zu Bestrafung kommen muss, fällt es mir recht schwer einzusehen, wieso dabei der Wiedergutmachung so wenig Bedeutung zugeschrieben wird. Die sich wehrende Gesellschaft hat das Recht auf Wiedergutmachung und damit auf Arbeit und Leistung des Bestraften. Sie hat darüber hinaus in vollem Maße und auch noch in der Zukunft das Recht auf die Konfiszierung des Vermögens eines Bestraften, so es nicht zum Überleben derer notwendig ist, die davon abhängig sind, wie dessen Familie zum Beispiel. Der Wille eines Bestraften, Arbeit und Leistung zu erbringen, muss einen Einfluss auf das Strafmaß oder den Strafverlauf haben. Warum Wirtschaftskriminelle nicht zu Arbeit in der Aufarbeitung von Daten oder zu Berechnungen herangezogen werden, ist für mich nicht nachvollziehbar. Wieso man nicht in unseren ganzen leeren Kasernen Straffällige unterbringen kann, die helfen, unsere verschmutzte Umwelt zu reinigen, ist genauso wenig zu verstehen. Es gibt eine Unmenge von überwachungsfähigen Arbeiten, bei denen Bestrafte sich für die Allgemeinheit mehr als nur nützlich machen können, nur tun wir uns entsetzlich schwer damit, solche Maßnahmen klug zu organisieren und lebendig umzusetzen. Stattdessen werden die Gefängnisse immer voller. Hier muss sich die Gesellschaft völlig anders verhalten und das Prinzip, für die Allgemeinheit (Wiedergutmachungs-)Leistungen erbringen zu müssen, mit zum Inhalt eines Strafvollzuges machen. Letztlich wäre damit sogar beiden geholfen, den Tätern und der Gesellschaft, denn die Möglichkeit zur Wiedergutmachung ist auch ein Weg, den sozialen Frieden zwischen Tätern und Gesellschaft wiederherzustellen. Dass so etwas möglich ist, kennt ihr aus der eigenen Kindheit, denn eine Wiedergutmachung ermöglicht schließlich auch einen Neubeginn.

Brief dreizehn

Gesellschaft und ihre Zwiespältigkeit oder:
„Vom Umgang mit Macht und Geld"

Mir scheint, und das ist mir auch in Gesprächen mit euch immer wieder aufgefallen, kaum ein anderer Bereich des gesellschaftlichen Miteinanders ist derartig umstritten, unterliegt so vielen potenziellen Missverständlichkeiten und ist im Nebeneinander von emotionalen und rationalen Gedankengängen dermaßen undurchschaubar wie der Umgang mit Macht und Geld. In unserem gesellschaftlichen Alltag dreht sich nach Meinung der Mehrheit fast alles um „Macht und Geld", aber ganz selten können wir uns wirklich genau erklären, wie wir dazu als Einzelne in Beziehung stehen. Das verwirrt uns in hohem Maße und liegt wahrscheinlich daran, dass nur sehr wenige von uns jemals in den zweischneidigen „Genuss" kommen, über Macht und Geld (oder auch nur eines von beiden) zu verfügen. Wir begegnen also jenen, die Macht und Geld besitzen oder zu besitzen scheinen bzw. danach streben, oft mit Argwohn und auch Missgunst. Dazu kommt, dass diejenigen, die über Macht und/oder Geld verfügen, ihre eigene Beziehung dazu der Allgemeinheit selten erklären oder erläutern. So finden wir nur wenige glaubhafte Anhaltspunkte, die uns einen „natürlichen" Umgang mit Macht und Geld erlernen lassen würden.

Meiner Meinung nach führt dies zu einer tiefen gesellschaftlichen Verworrenheit und Zwiespältigkeit in unserer Haltung gegenüber dem wirtschaftlichen Erfolg oder Glück Einzelner. Missgunst und Neid kommen oft noch vor Bewunderung und Achtung, dabei sind beide Haltungen meiner Meinung nach nur Ausdruck einer gesellschaftlichen Unbehaglichkeit. Diese entsteht nicht zuletzt aufgrund von Missverständnissen, die insbesondere bezüglich der Beweggründe derjenigen aufkommen, welche nach Macht und Geld streben. Diese Missverständnisse und diese Verworrenheit sind aus gesellschaftlicher Sicht sehr gefährlich, weil der Bevölkerungsmehrheit dadurch die Möglichkeit genommen wird, eine ihrer wesentlichsten gesellschaftlichen Steuerungen zu verstehen oder doch zumindest richtig einordnen zu können. Was im gesellschaftlichen Miteinander nicht verstehbar oder einortbar ist, wird unweigerlich an dessen Rand platziert und in der Folge zum Gegenstand mehrheitlicher Ängste und des Misstrauens. Es würde sich ironischerweise damit in der gleichen gesellschaftlichen Randzone und in unmittelbarer Nachbarschaft von Armut und gefühlter Machtlosigkeit befinden, dem schieren Gegenteil von Macht und Geld. Aber die Dynamik, die sich durch das Streben Einzelner nach Macht und Geld entwickelt, die dadurch entstehenden Antriebskräfte für Erneuerungen und die so ermöglichte Einflussnahme auf gesellschaftliche Steuerungen sind so bedeutend, dass es für euch unverzichtbar sein sollte, darüber genaue Kenntnis zu haben. Diese will ich in diesem Brief versuchen zu vermitteln.

Dabei gilt es zunächst genau festzulegen, welche Formen des Strebens nach Macht und Geld tatsächlich den größten Einfluss auf gesellschaftliche Steuerung und Entwicklung/Erneuerung nehmen, denn sonst wird man der Verworrenheiten oder Missverständnisse kaum Herr werden. Die Folgen von „Macht und Geld haben" sind ungemein vielschichtig und werden je nach Betrachtungsweise irgendwo zwischen Teufelei und Segen angesiedelt. Was die Gesellschaft aber eigentlich interessieren muss, ist das Wesen des „Strebens" nach Macht und Geld, und nicht die Wirklichkeit von Besitz und Einfluss. Denn nur der Vorgang des Nach-Macht-und-Geld-Strebens, nicht die Sattheit des Besitzes oder die Verteidigung der Pfründe, hilft der Gesellschaft, sich zu entwickeln, kann formend wirken und damit entscheidenden Einfluss auf ihre Steuerung nehmen. Besitztum und seine Verwaltung sind beides nur mehr statische (bewahrende) Vorkommnisse, wenngleich sie in ihrer täglichen Bedeutung natürlich nicht unterschätzt werden dürfen. Im Vordergrund steht das „innere Wesen" des Strebens nach Macht und Geld, also die Dynamik, die dazu führt und dahintersteht. Um ein Verständnis für dieses Wesen zu entwickeln, müsst ihr euch seine tief menschliche Verwurzelung vergegenwärtigen:

Menschen reagieren unterschiedlich auf bestimmte Erlebnisse und auf die Gefühle, mit denen sie sich dabei konfrontiert sehen. Vor allem das Umgehen mit und Bewältigen von Erfahrungen, die große Verunsicherung oder Angstgefühle ausgelöst haben, werden von einigen Menschen mit dem Wunsch nach „größtmögliche Kontrolle und Selbstbestimmtheit haben" beantwortet. Nachdem „größtmögliche Kontrolle und Selbstbestimmtheit haben" Hand in Hand mit „über Geld und Macht verfügen" geht, könnt ihr das Potenzial und die Dynamik, die diesem Prozess zugrunde liegt, schon erahnen. Das Streben nach maximaler Unabhängigkeit ist in der Regel also motiviert durch den Wunsch, einen Ausgleich zu bereits erfahrener (oder befürchteter) Unsicherheit zu schaffen. Natürlich kann die Antwort auf die oben genannten Erlebnisse auch ganz anders lauten, sowohl Verharren, Selbstaufgabe, als auch Anlehnungsbedürfnis oder sogar kriminelle Energie sind mögliche Reaktionen, die wir immer wieder vorfinden. In diesem Brief soll aber lediglich das Streben nach Macht und Geld als Lösungsversuch Einzelner betrachtet werden.

Demnach ist das Streben nach Macht und Geld für mich ein vollkommen natürlicher und im Zusammenhang mit der menschlichen Entwicklung Einzelner stehender Prozess. Es ist zugleich eine stets nach vorne drängende, vollkommen ergebnisorientierte Entwicklung und eine der wichtigsten und bedeutendsten gesellschaftlichen Antriebskräfte überhaupt. Es ist der Motor der gesellschaftlichen Weiterentwicklung und -erneuerung und kann in seiner Bedeutung gar nicht überschätzt werden. Was wir als Erfolg bezeichnen oder wem wir Anerkennung zollen, was wir in der Erziehung als erstrebenswert hinstellen oder was wir als freimachend vermuten, all dies und vieles mehr bewerten wir im Lichte dieses Strebens Einzelner. Gleichzeitig haftet diesem Prozess aber auch Negatives an, denn wir erleben ebenfalls, wie zerstörerisch und unterwerfend, einfach zu missbrauchen und manchmal direkt freiheitsberaubend diese wichtigen gesellschaftlichen Antriebskräfte mitunter wirken können. Womit wir bei dem Grundproblem für das, was ich in diesem Zusammenhang unsere „Verwirrung" nenne, angelangt sind.

Was zusätzlich verwirrt ist die Tatsache, dass jenes Streben Einzelner nach Macht und Geld keine mehrheitliche Strömung ist, sondern auf den ganz unterschiedlichen Eigenschaften, Voraussetzungen und Anlagen der Einzelnen beruht. Damit prägt jeder Einzelne diesen Prozess mit seiner jeweils ganz unterschiedlichen Persönlichkeit und menschlichen Stärke bzw. Schwäche, seinen Zwängen, Ängsten und Unsicherheiten. Zudem sind wir als Gesellschaft und in unserer gesellschaftlichen Entwicklung und Erneuerung auf dieses Streben Einzelner im gleichen Maße angewiesen, wie wir ihm ausgeliefert sind. Deshalb ist es für die Allgemeinheit unverzichtbar, die einzelnen Auswirkungen dieses Strebens ständig zu hinterfragen, zu überprüfen und gegebenenfalls zu reglementieren. Eine schonungslos offene und selbstehrliche Gesellschaft kann sich den offensichtlich mangelnden Leistungswillen der Mehrheit dieser Gesellschaft ohne Weiteres eingestehen. Es gibt keinen Grund für ein unterdrücktes Schuldbewusstsein gegenüber der Strebsamkeit Einzelner, denn diese Strebsamkeit ist persönliche Geschichte und Antwort im Werdegang Einzelner, welche ich als Gesellschaft genauso akzeptieren muss, wie allgemeine Bequemlichkeit der Mehrheit. Nur dann können wir zu einem gerechten und fairen Umgang damit finden und in Folge auch die zahllosen damit zusammenhängenden Verworrenheiten lösen.

Zum richtigen Umgang mit dem Streben nach Macht und Geld gehört es zunächst einmal, dafür erstklassige Bedingungen zu schaffen. Denn wenn man dieses Streben als wesentliche gesellschaftliche Antriebskraft zu Erneuerung und Entwicklung versteht, muss man es nicht nur billigen, sondern es auch fördern und ihm einen ausgezeichneten Nährboden schaffen. Nur dann hat die Gesellschaft die Möglichkeit, ein erhöhtes Maß an Kontrolle oder Mitsprache zu fordern, etwas, was sie ja unbedingt haben muss, um sich vor den Zerstörungskräften, welche dieser Strebsamkeit innewohnen, schützen zu können. Hierin besteht also die Abmachung zwischen Mehrheiten und strebsamen Einzelnen: Unter dem Bekenntnis zur sozialen Umverteilung erlauben die Mehrheiten Einzelnen ein Ausleben ihrer Strebkräfte zu Macht und Geld, weil sie im Gegenzug dadurch gesellschaftliche (und nicht nur wirtschaftliche ...) Entwicklung und Erneuerung erhalten. Dieses Vorgehen trägt schlicht und wertfrei der Erkenntnis Rechnung, dass es in einer Gesellschaft Starke und Schwache gibt. Das heißt aber nicht, dass durch dieses Erlauben dem Missbrauch dieser Abmachung Tür und Tor geöffnet sein kann. Hierin liegt ja eine der verwirrenden Zwiespältigkeiten: Es kann für mich zum Beispiel unternehmerische Selbstverwirklichung nur innerhalb eines geschützten und kontrollierbaren Raumes geben, anderenfalls bestünde die Gefahr, dass sich Mehrheiten (Arbeitnehmer) eventuell eines Tages in unfaire Abhängigkeiten begeben müssten.

An dieser Stelle kann ich euch auch leicht einige Rahmenbedingungen des gesellschaftlichen Umgangs mit Macht und Geld aufzeigen: Es ist meiner Meinung nach vollkommen sinnlos, sich als Gesellschaft vom Eigentumsbegriff zu lösen. Dann hätte man ja die Ursachen der Strebkräfte Einzelner nicht wirklich verstanden. Wenn es im Wesen eines Einzelnen liegt, Eigentum anhäufen zu müssen oder zu wollen, dann soll dies möglich sein und muss geschützt werden. Zugleich müssen wir aufhören, die öffentlich anerkannten oder zumindest jedermann bekannten Zeichen von Erfolg, Macht und Geld zu brandmarken oder deren Verwendung zu verachten. Das bringt nichts und verstößt letztlich gegen die Abmachung zwischen Mehrheiten und Einzelnen im Sinne sozialer Umverteilung. Ganz egal, wie abstoßend manche Auswüchse von Prasserei oder Verschwendung auch sein mögen, solange die Gesellschaft den Missbrauch von Macht und Geld verhindern kann (also die Fähigkeit von Macht und Geld, weite Teile der Mehrheiten oder Schwachen in Abhängigkeiten zu zwingen ...) und dies auch tut, muss sie ein gewisses Maß an Wirklichkeit von Glanz und Großmannssucht ertragen können.

Es sollte uns als Gesellschaft leichter fallen, mit den Auswüchsen des erfolgreichen Strebens nach Macht und Geld klarzukommen, wenn man das bestehende Steuer- und Abgabensystem (siehe meine anderen Briefe dieses Bandes ...) neu ausgerichtet und Missbrauchsmöglichkeiten bereits im Keim zu ersticken gelernt hat. Entgegen weitläufiger Meinungen sind die Reichen und Mächtigen Westeuropas keineswegs alle auf dem Weg in irgendwelche tropischen oder sonstigen Steuerparadiese, nur weil die hiesigen Gesellschaften unter Umständen höhere Verbrauchssteuern einführen wollen. In der Regel schätzen sie unsere Gesellschaften und sehen sich als Teil davon, es ist hier, wo sie ihre Kinder in die Schule schicken möchten, wo sie ihre gesundheitliche Versorgung sichergestellt sehen, wo sie sich einbringen können etc. Überhaupt könnte es der Abgabenpolitik einer Gesellschaft ja völlig egal sein, wo jemand seinen Hauptwohnsitz hat, solange der Verbrauch im Inland fließt bzw. die Herkunft von Erträgen im Inland entsprechend erfasst wird, etwas, was ich in diesen Briefen immer wieder zu erklären versuche. Die Tatsache, dass es überhaupt noch so etwas wie „Fluchtgelder" gibt, ist das Versäumnis heutiger Abgabenpolitik und die Folge unseres nicht mehr funktionierenden Besteuerungssystems, nicht ein „die lange Nase zeigen" der Reichen und Mächtigen.

Es ist schon weitaus interessanter und für die westeuropäischen Gesellschaften und ihre Entwicklungsmöglichkeiten entscheidender, sich mit der Vermeidung von Missbrauch zu beschäftigen: Dazu bedarf es innerhalb der Abgabenverwaltung einer umfangreichen Kenntnis und guten Ausbildung in Bezug auf weltweite Geldflüsse. Denn wenn „viel Geld" eines in der Lage ist zu bewerkstelligen, dann, seine eigene „Fließgeschwindigkeit" scheinbar nach Belieben erhöhen zu können! Große Geldflüsse können sich ungeheuer komplexe, schnelle und gleichzeitig schwer nachvollziehbare Strukturen erkaufen und sind dadurch der Abgabenpolitik immer einen Schritt voraus. Die einzige Methode, solchen Strukturen wirksam zu begegnen, besteht darin, ihre Möglichkeit, der Abgabenpolitik „einen Schritt voraus zu sein", als den eigentlichen Missbrauch zu identifizieren. Das kann man nur, wenn man dafür vorher die entsprechenden Voraussetzungen an Information, Verständnis und Können in der Abgabenverwaltung geschaffen hat. So muss dann jeder Geldfluss schon im Vorhinein begründet werden. Wahrscheinlich wäre es (in Anlehnung an einige der Schweizer Versuche mit Steuerschätzungen oder Pauschalvereinbarungen mit Steueransässigen …) auch viel gescheiter, in Einzelfällen zu einem Verhandlungsergebnis zu kommen, anstatt sich auf eine langwierige Spurensuche begeben oder sich auf die Ausplauderei dafür bezahlter Spitzel stützen zu müssen.

Eine Gesellschaft, welche erstklassige Bedingungen zur Entfaltung des Strebens Einzelner nach Macht und Geld zur Verfügung stellt, muss gleichzeitig keine Angst haben, dadurch die immerwährende Verwaltung dieses Macht- oder Geldgefüges in einer Erbengenerationen bereits fest verankert zu haben. Wiewohl der unbedingte Schutz des Eigentums auch einer Erbengeneration immer ein gewisses Mitspracherecht an den Ergebnissen der Strebsamkeit eines Vorfahren geben wird, so kann sich hier die Abgabenleistung deutlich erhöhen, es sei denn, es finden sich in der Erbengeneration ähnliche Talente oder entsprechende Mitarbeit, wie zum Beispiel bei Unternehmensfortführungen. Keineswegs aber können die von der Gesellschaft gewährten Freiräume und Entfaltungsmöglichkeiten auch dann noch bestehen oder weitergegeben werden, wenn sie missbräuchlich verwendet wurden. Wenn Eigentum geschützt bleiben will, dann muss es sich jederzeit herleiten lassen können, sozusagen ein öffentlich zugängliches „Stammbuch" führen (ähnlich einem Grundbuch …), insbesondere dann, wenn der Eigentumsübertrag durch Schenkung, Erbschaft oder Ähnliches zustande gekommen ist.

Während die Gesellschaft also im Umgang mit dem Streben Einzelner nach Macht und Geld durchaus wirksame Vorkehrungen treffen kann, um die finanzielle Seite dieses Erfolges (letztlich zum Wohle aller …) zu ermöglichen, so ist das bei einer hauptsächlich auf Machtvermehrung ausgerichteten Selbstverwirklichung doch etwas vielschichtiger. Zwar gehen Macht und Geld fast immer eine Wechselbeziehung ein und es ist deshalb vergleichsweise leicht, Machtvermehrung über die Kontrolle und Überwachung der Geldvermehrung im Auge zu halten, es kommt aber manchmal auch zu direktem politischen Machtanspruch durch Einzelne. Oft sind das vermeintlich natürlich gewachsene Ansprüche, bei denen die talentierte Strebsamkeit Einzelner diesen vor dem Anstreben von politischer Macht bereits zu großem wirtschaftlichen Erfolg und gesellschaftlicher Anerkennung verholfen hat. Etwas gefährlicher wird es, wenn die nach Macht strebenden Einzelnen zum Beispiel über die Kontrolle von Medien zudem eine hohe öffentliche Beeinflussungsmöglichkeit mitbringen. Denn auch dies war und ist westeuropäische Wirklichkeit, wie ihr zum Beispiel in Italien bis weit über 2012 hinaus sehen konntet.

Bei allem Streben nach Überwachung und Transparenz muss ich mich allerdings fragen, inwieweit heutzutage gesellschaftliche Missbrauchskontrolle und Prüfung von denjenigen, die starkes politisches Machtstreben zeigen, überhaupt noch funktionieren kann. Denn den Einzelnen stehen in ihrer politischen Strebsamkeit äußerst wirksame Mittel zur Verfügung. Darunter sind vornehmlich die elektronischen Medien zu verstehen, über die sie sich völlig legal jederzeit an die Wähler richten können, um einen erweiterten Auftrag zur Durchführung ihrer Vorstellungen zu erhalten. Gleichzeitig sollte es ihnen nicht schwerfallen, eine gegebenenfalls vorhandene Gegenmeinung in ihrer Verbreitung zumindest stark zu behindern. Egal also, ob starke und durchsetzungsfähige Persönlichkeiten aus der bestehenden Berufspolitik von innen oder aber nach Abschluss anderer Erfolgswege von außen kommend in das politische Geschehen eingreifen, der Vorgang an sich stellt einen gesellschaftlichen Schwachpunkt an Kontrollmöglichkeiten dar. Selbst wenn Macht in der Politik und Rechnungskontrolle fein säuberlich getrennt bleiben, bleibt durch diese Reihe von Unwägbarkeiten letztlich ein politisches Risiko. Das ist allerdings nicht neu, denn ein solches bedeutet letztlich jede Übertragung von Verantwortung auf andere an der Wahlurne, es ist in einem solchen Fall nur eben ungleich gefährlicher und muss daher aufmerksamer begleitet werden.

Kommt es in den nächsten Jahren wirklich zu einer Neuordnung der Parteienfinanzierung, so wie ich sie an anderer Stelle fordere, und zu einer deutlich erhöhten Offenlegung parteilicher Interessen, dann sind sicherlich die Parteien am ehesten dazu befähigt, politische Machtkontrolle gegenüber der Strebsamkeit Einzelner auszuüben. Bei Persönlichkeiten aus der

144

Berufspolitik sollte dies für die Parlamente automatisch aus einem hohen Wissensstand heraus möglich sein, denn für gewöhnlich kennt man hier die guten wie die schlechten Seiten der einzelnen Politiker recht gut. Bei von außen und unter Umständen eher überraschend in das politische Geschehen eingreifenden Persönlichkeiten muss sich die Gesellschaft allerdings andere Regeln geben: Kontrolle und Missbrauchsschutz sind hier größtenteils nur im Vorfeld möglich und müssen sich auf Basis äußerster Offenlegung abspielen. Solchen „Quereinsteigern" fehlen die parlamentarische Geschichte und die teilweise über Jahrzehnte hinterfragte und getestete Integrität und charakterliche Unbescholtenheit. Doch werden meiner Meinung nach in den nächsten Jahren gerade solche Quereinsteiger eher den Rückhalt der Wähler finden, zumindest in einigen Ländern Westeuropas. Niemand aber darf politischen Machtanspruch durchsetzen können, der vorher nicht bis ins kleinste Detail hinterfragt werden konnte. Da wären natürlich persönliche Besitzstände, Werdegänge und Interessen, die überprüft werden müssen, viel eher aber ist dabei auf die menschliche und charakterliche Qualifikation zu achten. Damit eine solche zumindest ansatzweise für die Wählerschaft einschätzbar wird, kann und muss die Öffentlichkeit hier auf neue Formen der Offenlegung dringen.

Der Machtanspruch Einzelner muss aber gar nicht politisch oder gesellschaftspolitisch sein. Er kann sich völlig außerhalb eines jeden öffentlich-politischen Geschehens befinden und auf Unterjochung und Beherrschung bestimmter gesellschaftlicher Funktionen oder Grundbedürfnisse gerichtet sein, kann Einfluss auf Bildung, Kultur und Informationsaustausch nehmen wollen. Natürlich ist auch hier äußerste Wachsamkeit vonnöten, vor allem, weil die Motive eines solchen Machtanspruches nicht immer gleich ersichtlich sein werden. Oft versteckt sich hinter Gönnertum und Freigiebigkeit der beinharte Wille zu Beeinflussung und Lenkung. Gerade bei gemeinnützigen Stiftungen, die oft im Einflussbereich eines oder mehrerer wohlhabender Stifter bleiben, ist dies gefährlich. Es ist für die Allgemeinheit nicht leicht, dies im Einzelfall wirklich bemerken zu können. Auch verfügt sie noch über keinerlei Mittel und Einrichtung, um sich vor solchen Bestrebungen zu schützen, sofern sie einmal erkannt wären. Erschwerend wirkt, dass wir die Offenhaltung der Gesellschaft für alle Vielfältigkeiten unseres Gemeinwesens schon lange nicht mehr alleine aus öffentlichen Mitteln bezahlen wollen, also gerade in Kultur, Spiel und Sport auf private Förderungen angewiesen sind.

Dieser unheilvolle Prozess setzt sich – von den meisten unbemerkt – nahtlos in gesellschaftlichen Grundbedürfnissen und dem vermeintlich freien Fluss von Informationen in den elektronischen Medien fort. So ist es zwar zum Beispiel durchaus noch möglich, von der Bewertung eines Produktes in den Printmedien auf das wirtschaftliche Interesse von dahinterstehenden Konzernen zu schließen, bei Suchmaschinen oder sozialen Netzwerken wird das schon viel schwieriger. Dennoch stehen bei jenen, die auf die gesellschaftliche Versorgung direkten Einfluss nehmen können, allzu oft ganz private Interessen im Vordergrund, welche mit Geldverdienen gar nicht unbedingt etwas zu tun haben müssen. Gesellschaftlicher Umgang mit Macht muss auch die hintergründigsten Motive zumindest vermuten lassen und mögliche Beeinflussungsverhältnisse jederzeit offenlegen dürfen. Nur so kann die Allgemeinheit einer Auslieferung an uns noch gar nicht bewusste Formen von Abhängigkeit und Beherrschung vielleicht noch zuvorkommen.

Brief vierzehn

Gesellschaft und Toleranz oder:
„Von der Verteidigung der Werte"

Ihr wisst aus vorherigen Diskussionen, dass meiner Meinung nach das zentrale Mitteleuropa in einem geschichtlich gewachsenen Wertemuster verankert ist, dessen direkte Vorläufer weit über tausend Jahre alt sind. Ganz egal, welche "Ausflüge" es zwischendurch in die verschiedenen (und teilweise fürchterlichen) Abgründe gesellschaftlicher Entwicklungen gegeben haben mag, es gibt einen "roten Faden", der sich unbeirrbar durch die Jahrhunderte zieht, besonders seit dem, was wir das Zeitalter der "Aufklärung" nennen. Dieser rote Faden ist für mich das Prinzip der Toleranz. Im Mittelpunkt unserer gesellschaftlichen Entwicklung stand und steht immer eine duldende Toleranz, also die Fähigkeit eines Gemeinwesens, etwas zuzulassen, anzuerkennen und gelten zu lassen und sie bildet für mich so etwas wie eine gesellschaftliche "Mitte". Diese Mitte ist wie die Position eines Pendels, es mag Ausschläge nach rechts oder links, hinten und vorne, ja sogar nach oben und unten geben, aber die Mitte bleibt das treibende Zentrum des Wertemusters, in das sich dieses Pendel wieder zurückbewegen wird, solange das Wertemuster bestimmend und stark bleibt. Genau das ist der zentrale Punkt: Es muss eine bestimmende und starke Mitte geben, sonst können gesellschaftliche Entwicklung und gesellschaftliches Miteinander nicht funktionieren. Das ist für mich ein ehernes Gesetz, weil sich alles an einer solchen Mitte ausrichtet. Sobald wir diese Mitte zu sehr schwächen, aushöhlen oder vernachlässigen, beginnt das Pendel wie wild umherzuschwingen, und alle sind ratlos und verängstigt. Dann beginnt der Rückzug aus der Mitte, und das gesellschaftliche Unheil nimmt seinen Lauf.

Es wäre allerdings auch völlig falsch, wenn wir jetzt diese in unserer jüngeren Geschichte unter dem Prinzip der Toleranz stehende Mitte etwa als starr oder unbeweglich begreifen, denn das Gegenteil muss und sollte der Fall sein. Alle großen gesellschaftlichen Schritte, also die schrittweise

Befreiung aus der Leibeigenschaft, die Teilung der Gewalten im Staat, die schrittweise Mitbestimmung (Demokratie), die Gleichstellung der Frauen sowie die jeweilige Rückkehr aus der Barbarei gesellschaftlicher Irrtümer waren eine Veränderung dessen, was gemeinhin als Mitte begriffen und verstanden wurde. Sie waren eine Entwicklung von dieser bis dahin bestimmenden Mitte zu einer neuen starken Mitte hin und nicht das Ergebnis gesellschaftlichen Schulterzuckens, Wegschauens oder allgemeiner Ratlosigkeit. Darin besteht der wesentliche Unterschied zu jener Lage, in die wir uns in den letzten vierzig Jahren gebracht haben: Was heute geschieht, ist ein ständiges Verhöhnen und Aushöhlen des in der Mitte stehenden Wertemusters, ohne aber diese Mitte mit einer neuen Stärke oder Bestimmung füllen zu können oder zu wollen. Das geht nicht lange gut, wie ihr ja gerade merkt und spürt.

Das Wertemuster einer Gesellschaft, wie auch immer es sich über die Jahrhunderte verändern mag, muss für die Allgemeinheit ständig spürbar sein, sie muss sich darauf beziehen können, darauf hinweisen können und sich gegebenenfalls darauf zurückziehen können. Das Wertemuster ist, in seiner jeweils bestehenden Form, Richtschnur für den Umgang miteinander, und dementsprechend muss es Grundlage einer regelmäßigen Überprüfung der Formen dieses Miteinanderumgehens sein. Letztlich steht es sogar über dem Gesetz, denn unsere Gesetze leiten sich meiner Meinung nach aus unserem Wertesystem ab und nicht umgekehrt. Es ist also von ungemein großer Bedeutung für die Gesellschaft und muss deshalb nicht nur begreifbar und verstehbar sein, sondern vor allem vermittelt und gepflegt werden. Erziehung durch Familie und Gesellschaft ist das nahezu einzige Mittel einer Allgemeinheit, um das ihr zugrunde liegende Wertesystem nachfolgenden Generationen vermitteln zu können; eine Aufgabe, die nicht nur überlebenswichtig ist, sondern die auch in direkter Linie des allumfassenden Prinzips der Toleranz steht, weil in der Erziehung ohne ein Wertemuster als systematisches Gerüst dessen ursprüngliche Herleitung von den Prinzipien der Duldung und Toleranz nicht erkennbar bleiben würde. Dabei ist es wichtig zu verstehen, dass auch die gesellschaftlichen

148

Regeln, die Gesetze und deren rechtliche Ahndung bei Missachtung Teil dieser Erziehung sind und nicht bloß für sich alleine stehen. Eine Gesellschaft hat das Recht, auf das ihr zugrunde liegende Wertemuster hin zu erziehen und muss dieses Recht auch ausüben, denn nur ein bestimmendes und starkes Wertemuster kann eine Entwicklung, eine Neuformulierung und Weiterentwicklung dieses Musters möglich machen.

Es lohnt sich deshalb, zunächst darüber nachzudenken, wo sich das Prinzip der Toleranz in unserem täglichen Leben und im gesellschaftlichen Verständnis überall wiederfindet, damit ihr klar erkennen könnt, wie das entsprechende Wertemuster „gestrickt" ist oder, zumindest bis zum Ende der sechziger Jahre, war. Wie schon in anderen Briefen dieses Buches erwähnt, liegen die Wurzeln des mitteleuropäischen Wertesystems meiner Meinung nach im Urchristentum. Dabei ist es nicht wirklich wichtig, ob die Lehren und Gebote des Christentums nun ursächlich zum Prinzip einer duldenden Toleranz geführt haben oder ob das Prinzip (oder die Notwendigkeit …) einer duldenden Toleranz das Christentum hervorgebracht hat, Tatsache bleibt, dass die christlichen Lehren und Gebote innerster Bestandteil unseres geschichtlichen Wertemusters waren und es auch heute noch in hohem Maße sind. Sie erfüllen wesentliche Kernelemente von Toleranz und Duldung. Diese wurden von dem größten Teil der Allgemeinheit bis vor kurzem noch bejaht und auch als Teil unseres Wertemusters verteidigt. Dabei dürfen wir die ethischen und moralischen Elemente des Christentums und deren Bedeutung für unser gesellschaftliches Wertesystem nicht in einen Topf werfen mit dem, was in „der Kirche" heutzutage als richtig oder falsch vermittelt wird, oder in Zusammenhang mit der Frage sehen, ob es einen Gott gibt oder nicht. Ich berufe mich hier auf das Christentum nicht als Religion, sondern als prägenden Bestandteil in der Entstehung unseres Wertesystems.

Wichtig ist, dass wir im Christentum Anleitungen zur Toleranz finden konnten und dass ausgeübte Nächstenliebe, Barmherzigkeit und Mildtätigkeit auch Grundpfeiler der sozialen Umverteilungsidee sind. Damit sollten sie ein Bestandteil unseres heutigen Wertesystems sein und dies, in einer modernen Form, meiner Meinung nach auch bleiben. Wenn die verschiedenen christlichen Religionsgemeinschaften und Kirchen allerdings Erziehungsarbeit in der Vermittlung von gesellschaftlich akzeptierten Werten leisten wollen, dann muss ich als Allgemeinheit immer wachsam hinterfragen, ob sie dabei dem Gedankengut der Toleranz ehrlich und fair folgen. Ich will den Willen zur Erneuerung innerhalb von Religion und Kirche keinesfalls unterschätzen oder gar herabwürdigen, aber ich kann mich gleichzeitig nicht von der geschichtlichen Wirkung und teilweise unheilvollen Mitverantwortung von Religionsgemeinschaften und Kirchen freimachen. Dass christliche Lehren und Gebote zerstörerisch eingesetzt wurden, kann ich nicht vergessen, nur glaube ich nicht, dass dieser Umstand unser heutiges Wertemuster noch stark beeinflusst, dafür ist die Kenntnis darüber zu wenig aktuell. Hier und heute müssten wir deshalb in unserer gesellschaftlichen Erziehungsarbeit endlich wieder den Mut haben, der Vermittlung der im Christentum verankerten moralischen und ethischen Werte größeres Augenmerk zu schenken, und wenn sich eine erneuerte Religionsgemeinschaft oder Kirche dabei nützlich einbringen will, dann kann uns dies nur Recht sein, solange sie sich im gleichen Wertesystem aufhält.

Wenn wir nun aber ergründen wollen, warum es so gefährlich ist, von einem bestehenden Wertemuster einer starken Mitte abzuweichen, ohne an dessen Stelle relativ schnell ein ähnlich bestimmendes setzen zu können, dann ist gerade die Bedeutung der schrittweisen Aushöhlung christlicher Eckpfeiler des bisherigen Wertemusters ein gutes Beispiel: Die im Christentum geforderte Schulung in Nächstenliebe, Barmherzigkeit und Mildtätigkeit war ein wichtiger Teil der gesellschaftlichen Erziehungsarbeit, aber sie kann durch Religionsgemeinschaften und Kirchen heute nicht mehr glaubhaft vermittelt werden, dazu haben diese viel zu viele Probleme auf sich geladen. Das Fehlen einer solchen Erziehungsarbeit für diese an sich ja sehr gewollten und positiven Inhalte hat eine gewisse gesellschaftliche Leere, Unbehagen und auch Ratlosigkeit bewirkt, an deren Stelle noch nichts anderes getreten ist. Wir haben es mit einem „Loch" im Wertemuster zu tun, denn wir bejahen ja das Prinzip einer duldenden Toleranz innerhalb der europäischen Gesellschaft, aber es fällt uns schwer, an die Stelle der christlichen Werte innerhalb des Wertemusters nunmehr andere zu setzen. Dafür müssten wir das gelebte Christentum entweder erneuern oder aber das Prinzip der Toleranz als ein eigenständiges, dem Christentum nicht verbundenes Element gesellschaftlichen Miteinanders formulieren.

Gleichzeitig aber sieht sich unsere Allgemeinheit allein durch die Zuwanderung (und ganz ohne dabei weltumspannende Auseinandersetzungen bemühen zu müssen …) in „Werte-Not". Das ist – auf Dauer – ein unhaltbarer Zustand. Wir können das eigene „alte" Wertemuster nicht mehr vermitteln, haben aber noch kein neues Wertemuster entwickelt und stehen gleichzeitig den diesbezüglichen Wertemustern von Zuwanderern gegenüber. Für uns bedeutet das, dass wir entweder etwas Neues finden müssen oder aber uns zunächst auf das Wertemuster rückbesinnen, das wir (noch …) haben. Die Duldung einer anderen Wertevorstellung (zum Beispiel jener von Zuwanderern anderen Glaubens) darf nie zum Aufgeben der Verteidigung, Vermittlung und Erziehung der bisherigen Werte führen, solange dies nicht ein von der Mehrheit gewollter und eine neue starke Mitte bildender Vorgang ist.

Um beurteilen zu können, ob ein Teil des gesellschaftlichen Wertemusters an Gültigkeit eingebüßt hat und vielleicht neu gestaltet werden oder aber weiter vertieft und ausgebaut werden muss, braucht es eine andauernde und offene Vermittlung dieses Wertemusters. Auch der Widerspruch gegenüber und die in Fragestellung von Einzelheiten dieses Wertemusters muss eingeübt werden. Dieses Einüben sollte zwar maßgeblich durch Erziehung in Familie und Gesellschaft geschehen, muss aber auch in den Regeln und Gesetzen sowie der rechtlichen Ahndung bei deren etwaiger Missachtung immer wieder sichtbar werden. Hier gibt es für mich einen direkten Zusammenhang, der viel zu sehr vernachlässigt wird: Man kann in der Rechtsprechung oder in der Gestaltung von Regeln gar nicht oft genug darauf hinweisen, inwiefern und wo diese Gestaltung oder Rechtsprechung in unserem Wertemuster verankert ist. Es wäre richtig, einen „Schwarzarbeiter" und die, welche ihn bezahlen, des Betruges an dem gesellschaftlichen Wert der sozialen Umverteilung „schuldig" zu sprechen, und dies (wenn unbestreitbar) auch öffentlich zu machen, anstatt darin „nur" ein Vergehen gegenüber der jeweiligen lokalen Arbeitskontrolle zu sehen, so wie das heute gehandhabt wird. Wir müssen unseren Wertvorstellungen mehr Stimme verleihen und sie für alle deutlich hörbar machen.

Es ist völlig sicher, dass die starke und bestimmende Mitte des gesellschaftlichen Wertemusters jeweils eine sozialgeschichtlich gewachsene ist. Wenngleich im Laufe der Geschichte immer wieder auch völlig überraschende Anlässe den Anstoß zu einer bestimmten Veränderung oder Anpassung dieser Werte gegeben haben mögen, so ist ihre tatsächliche Umformung fast immer ein sehr langsamer und natürlicher Wachstumsvorgang. Daher kann ein Wertemuster auch jederzeit erneut vermittelt werden, denn nachdem es viele Generationen überdauert, ist es eben keineswegs schnelllebig. Warum es uns also heute nicht mehr gelingt, in familiärer Erziehung und schulischer Bildung zumindest einen Teil dieses Wertemusters zu verankern, liegt wohl daran, dass wir uns aus lauter Angst vor Auseinandersetzungen nicht mehr trauen, unsere eigene soziale Geschichte allen Mitgliedern unseres Gemeinwesens zu vermitteln. Damit graben wir unserem Wertesystem das Wasser ab und dies – wie schon erwähnt – ohne etwas Vergleichbares an dessen Stelle setzen zu können. Das gesellschaftliche Wertemuster muss sowohl in Familie als auch in der schulischen Ausbildung einen festen Bestandteil haben, und es muss lebendig und nachvollziehbar vermittelt werden. Es gibt auf der Welt genug Gemeinwesen, die diesen Anspruch täglich und ganz selbstverständlich leben. Darunter befinden sich dem Prinzip nach auch die sogenannten „muslimischen Gottesstaaten", und auch wenn sie ein uns völlig unverständliches und für uns nicht zu tolerierendes Wertemuster lehren, ändert dies nichts an der augenscheinlich festen Einbettung dieser Lehren in der jeweiligen Gesellschaft. Auch diesbezüglich eher weltlich geprägte

Gemeinwesen, zum Beispiel die USA, sind imstande, ein (in meinen Augen durchaus fragwürdiges) Wertemuster mit einem hohen gesellschaftlichen Anspruch (Patriotismus ist meiner Meinung nach ein solches) und einer erstaunlichen Alltäglichkeit zu vertreten.

Aus dem Prinzip einer duldenden Toleranz kann man nicht nur, sondern muss man natürlich auch die Fähigkeit zur „Geduld" und vor allem zur „Erduldung" ableiten. Doch nützt aber natürlich die ganze gesellschaftliche Fähigkeit zur Toleranz nichts, wenn sie nur mehr aus „Erduldung" besteht. Das ist genau der Punkt, an dem das Pendel sich zu weit aus der Mitte entfernt hat und an dem es richtig und angebracht ist, eine genauso starke Gegenbewegung zu entfachen, damit es wieder ins Lot einer starken und bestimmenden Mitte zurückkehren kann. Natürlich mag es sein, dass wir dabei auch in der Gegenbewegung zunächst „über das Ziel hinausschie-ßen", das muss aber als Teil der gewollten Berichtigung des Weges gesehen werden und nicht als eine unkontrollierte oder ungewollte Bewegung. In einer mit Anhörungsmöglichkeit, Kontrolle und weitreichendem Schutz des Andersdenkenden oder Andersempfindenden ausgestatteten Gesellschaft sind deutliche Widersprüche gegenüber einem Angriff auf das zentrale Wertemuster vollkommen angebracht. Sie sind sogar, sofern maßvoll und überlegt, direkt erforderlich, um die gesellschaftliche Auseinandersetzung über diese Wertemuster in Gang zu halten, denn umgekehrt setzen wir unsere Werte ja auch solchen Widersprüchen von anderer Seite aus. Wir dürfen und müssen also unsererseits widersprechen, wenn wir unser Wertemuster beeinträchtigt sehen. Die Kunst liegt hierbei allerdings in der Ausführung. Dieses ist ein Grund mehr, warum gesellschaftliche Dienste, wie zum Beispiel Polizei, Rechtsprechung und Erziehungsbeauftragte, mehr Freiraum und Gestaltungsmöglichkeit im Rahmen ihrer Regeln brauchen, gleichzeitig mehr Ausbildung und Kontrolle, aber auch mehr Schutz im Falle von nötiger Ahndung etwaiger dabei unterlaufender Fehler.

Ein Allgemeinwesen muss sich an jener feinen Grenze, wo im Einzelfalle duldende Toleranz in „Erduldung" umschlägt, sofort und angemessen zur

Wehr setzen können, denn nur dann bleibt diese Grenze für jedermann sichtbar und erlernbar. Eine solche Grenze mag sich je nach gesellschaftlicher Entwicklung über die Jahre verändern, aber sie muss jederzeit als solche erkennbar sein und auch behauptet werden. Wie in der Kleinkindererziehung auch, so gibt es im gesellschaftlichen Zusammenhang die Notwendigkeit der jederzeitigen „Berechenbarkeit des Widerspruchs". Klar gezogene und behauptete Grenzen in der frühen Erziehung sind nicht etwa eine schädliche Einengung des kindlichen Erlebens, sondern ein bewusst geplanter erzieherischer Hinweis auf das Vorhandensein gesellschaftlicher Regeln. Kommt dann für das Kind noch Berechenbarkeit dazu, also wird jede Grenzüberschreitung auch tatsächlich geahndet oder begrenzend kommentiert, dann entsteht in der kindlichen Erziehung das für mich so wichtige und wunderbare Erlebnis erwachsener Verlässlichkeit, dies sogar unabhängig davon, ob die Grenzziehung durch den Erwachsenen immer hundertprozentig gerechtfertigt oder sinnvoll ist. Spiegelbildlich gilt genau das Gleiche auch bei der gesellschaftlichen Grenzverletzung, zum Beispiel durch Missachtung von Elementen des zentralen Wertemusters. Nur eine vorher bereits berechenbare und immer dann auch wirklich erfolgende Maßnahme oder Bewertung kann erzieherisch und Werte vermittelnd wirken.

Wir schenken der Wehrhaftigkeit unserer Gesellschaft in Bezug auf unser zentrales Wertemuster oder Wertesystem meiner Meinung nach viel zu wenig Beachtung. Damit tragen wir zu dessen Aushöhlung bei, vielleicht ohne uns dessen immer gleich bewusst zu sein. Das werden wir sofort ändern müssen, denn unsere Wertemuster sind in Auflösung begriffen, ohne dass wir gleichwertigen Ersatz dafür hätten. Im Prinzip der Toleranz schwanken wir ganz natürlich zwischen Erdulden und Nicht-mehr-dulden-Wollen, und genauso sind wir auch als Gesellschaft aufgebaut. Hier ist die Grenze, die wir behaupten müssen und die wir uns täglich bewusst machen müssen, denn sonst können wir sie nicht vermitteln. Toleranz heißt nicht „wegschauen", Toleranz heißt „ganz genau hinzusehen". Wir müssen erkennen, ob eine Grenze überschritten wurde, und, wenn ja, sofort und

unnachgiebig handeln. Wenn Schläger auf einem Bahnsteig einen Wehrlosen zusammentreten, dann werden auch wir und unser Wertemuster
angegriffen, nicht nur das Opfer selbst. Allein schon deshalb müssen wir
einschreiten, sofort und unnachgiebig, gegen die Täter und gegen uns
selbst. Dies ist nicht zuletzt auch eine Frage der gesellschaftlichen Selbst-
achtung, deren Wichtigkeit ein weiterer Bestandteil dieses Musters ist.

Grenzziehung sollte aber auch politischer und gesellschaftlicher Art sein.
Wenn zum Beispiel in unserem Wertemuster Ausbeutung, Gewalt und
Plünderung keinen Platz haben, dann kann unsere Gesellschaft auch nicht
Waren aus Ländern beziehen oder Kaufkraft von Staaten willkommen
heißen, in denen auf dem Rücken von Leibeigenschaft, Landraub, Kinder-
arbeit und sozialer Grausamkeit eine kleine Schicht die Herrschaft ausübt
und die Gewinne einstreicht. Es steht uns nicht an, unsere Wertemuster
anderen aufzuschwatzen oder gar aufzuzwingen (so wie die USA das gerne
tun ...), da sollten wir mehr Behutsamkeit und Geduld zeigen, aber es ist
doch nicht so schwer zu verstehen, auf welche Weise unsere Computer, Telefone oder die Bananen in anderen Ländern und Allgemeinwesen
hergestellt bzw. geerntet wurden. Hier ist unsere Macht als Verbraucher
viel größer, als wir ahnen, und es ist schade, dass es Werbung und die
anscheinend unstillbare Bedürfniserweckung immer wieder schaffen, uns
von den wahren Hintergründen abzulenken.

Wertevermittlung und -erziehung ist also ein unbedingt notwendiger Vorgang und muss lebendig gehalten werden. Deshalb ist es wichtig, in allen
dafür geeigneten Situationen darauf hinzuweisen, dass wir als Gesellschaft
unsere Grenzziehungen nicht aus dem Bürgerlichen Gesetzbuch, sondern
zunächst aus unserem Wertemuster ableiten. Dieses Muster kann und soll
ja jederzeit hinterfragt werden und ist in ständiger, wenn auch langsamer
sozialgeschichtlicher Veränderung begriffen und das jeden einzelnen Tag.
Wenn die lebendige Entwicklung der mitteleuropäischen Gesellschaft, die
erweiterte Zuwanderung und die schließliche Verschiebung von Mehrheiten eines Tages dazu führen sollte, dass unser Prinzip einer duldenden

Toleranz durch ein anderes Prinzip abgelöst werden kann, dann werden wir uns dem stellen müssen, weil unser Prinzip dann (aber auch wirklich erst dann …) sozialgeschichtliche Vergangenheit und nicht mehr Wirklichkeit oder Gegenwart sein wird. Solange dies aber nicht der Fall ist, sollten wir unsere Gesellschaft nach dem vorherrschenden Wertemuster der Mehrheit ausrichten und uns kein anderes aufzwingen oder es durch Wegschauen und Untätigkeit zu einer neuen Normalität werden lassen. Das Prinzip der Toleranz lässt alle Wege offen, unsere Gesellschaft jederzeit in Frage stellen zu können und die Gültigkeit ihres Wertemusters ständig neu herauszufordern. Einer solchen Herausforderung müssen wir uns bewusst und aus einem täglich aufs Neue gelebten Werteverständnis heraus stellen. Innerer Rückzug und äußeres Schulterzucken, so wie in den letzten vierzig Jahren, wird uns dabei jedenfalls nicht helfen können.

Brief fünfzehn

Gesellschaft und ihr Wesen oder:
„Von den Merkmalen der Kultur"

Ihr müsst euch vorstellen, dass kultureller Wandel und kulturelle Entwicklung in unserer Gesellschaft etwas jeweils Endgültiges oder zumindest Unumkehrbares sind. Bildung, Information, Lernen, Ausbildung, Musik, Sport und Spiele nehmen keinen Schritt ihrer eigenen Entwicklung jemals mehr zurück. Einmal erkannt, ausgedrückt, zugänglich gemacht, erfahren und erreicht, können sie nicht mehr aus unserem kollektiven „Gedächtnis" gelöscht werden. Sie werden durch ihre Geschichte mit uns erfahren, durchlebt oder erlebt und sind damit ein Teil von uns selbst. Sie werden unsere erinnerten kulturellen Merkmale. Wie auch immer unser aktuelles Interesse, unsere Verdrängung oder unser Vergessen ihre jeweilige Verfügbarkeit in der täglichen Gegenwart verändern mag, sie sind und bleiben prägender Teil unseres Kulturgedächtnisses. Dabei gibt es verschiedene Kategorien von kulturellen Merkmalen. Es gibt zum Beispiel welche, die uns als Menschheit definieren, als Europäer, als Deutsche, als in der zweiten Hälfte des 20. Jahrhunderts Geborene etc. Wir leiten uns aus ihnen ab, bestehen aus ihnen, sie dienen als Fundament unserer Identität, definieren uns als Gesellschaft und geben uns zugleich die Möglichkeit, uns durch sie von anderen Gesellschaftsformen und Kulturen abzugrenzen. Wenn wir uns selbst verstehen oder den Weg, den wir gehen oder gegangen sind, begreifen wollen, dann erinnern wir uns jeweils an diese Merkmale und setzen uns zu ihnen in Beziehung.

Es spielt dabei zunächst gar keine Rolle, ob die Erinnerung an ein kulturelles Merkmal, einen speziellen Entwicklungsschritt oder Wandel eine angenehme oder unangenehme Erinnerung ist. Es ist auch völlig egal, ob zum Beispiel ein bestimmter Wissenswandel (also neue und manchmal eben bessere Information ...) das vorher Gedachte oder Gewusste mittlerweile als falsch entlarvt hat. Nehmen wir ein Beispiel aus der Astronomie: Ein kulturelles Merkmal, welches Menschheit definieren kann, ist das Wissen um die Position der Erde im Weltall. Dass weite Teile der Menschheit hier in Mitteleuropa zunächst davon überzeugt waren, der Planet Erde sei der Mittelpunkt des ihn umgebenden Sonnensystems und erst Tausende Jahre später draufgekommen sind, dass stattdessen die Erde um die Sonne kreist, spielt dabei keine Rolle.

Die kulturellen Merkmale einer Gesellschaft bestehen nämlich in dem Weg, den der jeweilige Wandel oder die jeweilige Entwicklung genommen hat, nicht im abrufbaren Wissen darum. Dieser Weg ist es, der uns als Gesellschaft definiert. Natürlich ist es ungemein wichtig, durch bloße Wissensvermittlung den jetzt gerade gültigen „Stand der Dinge" erlernen zu können, für die wirkliche Bildung eines Gemeinwesens oder für das Verständnis, worauf es sich gründet und ob oder inwiefern sich der Einzelne dazu positionieren kann, tut dies aber wenig zur Sache. Nehmen wir ein anderes Beispiel, um eines der kulturellen Merkmale, zu denen sich beispielsweise Neuseeländer in Beziehung setzen könnten, aufzuzeigen: Eine Nation mit der Einwohnerzahl Berlins (inklusive direktem Umland) beherrscht seit über hundert Jahren eine der drei großen Weltsportarten (in diesem Falle: Rugby). Das ist in etwa, als würde Berlin regelmäßig Fußballweltmeister werden. Das Merkmal besteht aber nicht in dem sportlichen Erfolg, sondern in dem Weg, den er genommen hat. Die weißen Einwanderer in Neuseeland waren in der Mehrzahl Farmer, die Tag für Tag eine außergewöhnlich hohe körperliche Leistung bringen mussten. Am Ende des Arbeitstages traf man sich regelmäßig zum Rugbytraining, in dessen schierer Gewalt das gleiche unbedingte Durchsetzungsvermögen trainiert wurde, das man jeden Tag in Stall und Feld brauchte. Mit der Zeit vermischten sich die weißen Wettkampfteilnehmer zudem mit den ursprünglichen Einwanderern Neuseelands aus dem Pazifikraum, den Maori, und mit den pazifischen Inselvölkern, wobei diese beiden Volksgruppen wiederum ihre ganz eigene Vorstellung von bedingungslosem Kampfgeist in den Rugbysport einbrachten. In genau dieser Entwicklung, dem erst getrennten und heute gemeinsamen Weg, besteht dieses gesellschaftliche kulturelle Merkmal Neuseelands, nicht in der Tatsache, dass die Nation diese Sportart heute noch immer mehr oder weniger nach Belieben beherrscht.

Wenn es für mich einen kulturellen Auftrag innerhalb einer Gesellschaft gibt, dann jenen, die Wege, welche kulturelle Merkmale genommen haben, um solche zu werden, für alle nachzeichnen zu können. Nachdem es die unendlichen Fäden der Geschichte dieser einzelnen Wege sind, keinesfalls nur die Sachkenntnis und das Wissen um den momentanen „Stand der Dinge", die unser bewusstes und unbewusstes gesellschaftliches Handeln bestimmen, kann es in meinen Augen kaum eine wichtigere Aufgabe für Bildung und Lernen geben als diese. Von der menschenverachtenden Vernichtung ganzer Randgruppen der Bevölkerung im Nazideutschland einmal vollkommen abgesehen, haben Österreich-Deutschland und danach Deutschland-Österreich zwei Weltkriege über die internationale Staatengemeinschaft gebracht. Wie es dazu hat kommen können, erklärt sich auch durch die Nachzeichnung der Wege von gleich einer ganzen Reihe von kulturellen Merkmalen dieser beiden Gesellschaften. Da wären überhöhter Nationalismus, zu späte, aber dann ungeheuer dynamische Industrialisierung, das Gefühl, bei der Kolonialisierung benachteiligt worden zu sein, erlebte Ohnmacht als Verlierer eines Weltkrieges und eine unfertige Demokratie inmitten der Weltwirtschaftskrise, um nur einige zu nennen. Es ist also von höchster Priorität und muss Teil unseres Bildungsauftrages sein, diese Wege zu verstehen und uns mit den hier zugrunde liegenden kulturellen Merkmalen auseinanderzusetzen.

Wer im Deutschland der sechziger Jahre des vorigen Jahrhunderts groß geworden ist, weiß, dass sich der so sprichwörtliche deutsche Fleiß (eindeutig über lange Zeit ein kulturelles Merkmal der Deutschen ...) unter anderem den „Gewissensbissen" und Schuldgefühlen über die Anzettelung dieser beiden Kriege entwickelt hat. Dass heute dieses kulturelle Merkmal von immer geringerer Bedeutung ist und immer weniger zutrifft, liegt auch an der zeitlichen Entfernung zu seinem „Ursprung", also der Führung dieser

Kriege. Deshalb nimmt dieser Fleiß auch immer mehr ab, je weiter wir uns von der Zeit dieser von unseren Vorfahren verursachten gesellschaftlichen Katastrophe entfernen. Die heute nachdrängenden Generationen können die diesem Fleiß und Duckmäusertum teilweise zugrunde liegenden kulturellen Merkmale nicht mehr nachvollziehen.

Was und wie wir lernen, in welchem Umfang und ab welchem Alter wir welche Inhalte vermitteln, und vor allem wieso auch der vermeintliche „Zeitvertreib" von Musik, Sport und Spiel ein ganz wichtiger Teil von Wissensvermittlung ist, all das gründet sich auf das Verstehen und Nachvollziehen unserer gesellschaftlichen Entwicklung und Wandlung sowie der daraus entstandenen kulturellen Merkmale. Mit Sachkenntnis alleine lässt sich eine solche Herleitung nicht begreiflich machen. Ich will jetzt aber nicht den Eindruck entstehen lassen, als sei die Fähigkeit, Sachkenntnis zu besitzen oder wiederaufsagbare Wissensvermittlung zu trainieren etwa unbedeutend. Es kann aber durchaus sein, dass wir hier von der an den Anfang dieses Textes gestellten Endgültigkeit gesellschaftlicher Entwicklung und ihres Wandels schon längst überholt wurden: Denn die durch das Internet herbeigeführte ständige und zu fast jedem Zeitpunkt mögliche Neuerwerbung von Wissen und Sachkenntnis ist heute längst Wirklichkeit. Sie hat unser Verständnis der klassischen Wissensvermittlung im Prinzip längst abgelöst. Wie oben schon erwähnt, ist dieser Wandel unumkehrbar. Vom Lernen oder „sich in der Sache auskennen" ist nur mehr die zu lernende Fähigkeit übrig geblieben, die jeweiligen Sachzusammenhänge nicht durcheinanderzubringen und Information rechtzeitig zu filtern.

Natürlich ist auch das, also „Lärm" von „Melodie" unterscheiden zu können, eine ungeheure neue Herausforderung. Aber sie findet in einem ganz anderen Umgang mit Zeit, mit der Verarbeitung von Information und ihrer Unmittelbarkeit statt und lässt daher über drei Viertel des herkömmlichen Lernverhaltens mehr als fragwürdig oder teilweise sogar sinnlos erscheinen. Leider tragen wir dem gesellschaftlich, gerade in der Schuldbildung, noch viel zu wenig Rechnung. Meiner Meinung nach ist es heute viel wichtiger, die Verlässlichkeit einer Information einschätzen zu können, als sich deren Inhalt selbst zu erarbeiten. Das heißt, wir müssen vor allem verstehen lernen, warum eine Information denn gerade als verlässlich eingeschätzt wird, also wer oder was eigentlich dafür sorgt, dass dem Einzelnen diese Information als verlässlich erscheinen kann. Zurzeit beschränkt sich der lernbare oder als Bildungsinhalt zur Verfügung stehende Umgang mit dem Internet größtenteils auf die technische Erlernung seiner Benutzungsoberfläche. Das gründet sich einerseits auf den schieren Zeitaufwand für das andauernde Neuerlernen der entsprechenden und sich immer wieder verändernden Zugangsgeräte oder Zugangsoberflächen (Computer, Telefone, Fernseher etc.), andererseits aber auch auf die Tatsache, dass bis jetzt das Erlernen eines Hintergrundverständnisses, zum Beispiel dafür, wie eine Suchmaschine oder Werbung im Internet funktioniert, ausgeblendet bleibt.

Auch beschäftigen wir uns nicht mit den Folgen des ständigen Vorhandenseins von Sachkenntnis und Wissen auf unsere seelische Befindlichkeit und die persönliche Entwicklung des Einzelnen. Dies, obwohl sich hierdurch bereits eine Reihe von neuen kulturellen Merkmalen anfangen auszubilden und wir meiner Meinung nach von einer Revolution unseres Kommunikationsverhaltens sprechen müssten. Der Beginn des 21. Jahrhunderts wird in die Geschichte unseres gesellschaftlichen Wandels wahrscheinlich als „das Ende der Vermutung" eingehen. Die durchaus berechtigte Angst, dass man sich immer dann, wenn etwas auch nur im Entferntesten als eine Behauptung, Darstellung oder Vermutung gedeutet werden könnte und sich nicht als gründlich recherchiert erweist, nicht als bis zur Gänze informiert herausstellt, als Dummkopf oder Lügner überführt werden könnte, lähmt schon längst das zwischenmenschliche Gespräch und hat eine beispiellose Vorsicht und unverbindliche Oberflächlichkeit hervorgebracht.

Auf der anderen Seite beweist nichts so eindringlich die Notwendigkeit, sich innerhalb der Gesellschaft an der Wirklichkeit des Internets bilden und ausbilden zu müssen, wie die Schnelligkeit seines Wachstums und die ständige Zunahme der Bedeutung von sozialen Medien. Hier läuft zwar ein ganzer Teil der Gesellschaft Gefahr, im wahrsten Sinne des Wortes den Anschluss an den anderen Teil zu verlieren, die eigentliche Revolution des Internets wird aber in ihrer Bedeutung als neues kulturelles Merkmal gesellschaftlich noch weitgehend ausgeblendet. Dabei ist diese von mir oben angesprochene Revolution unseres Kommunikationsverhaltens und ihre Bedeutung für das zwischenmenschliche Gespräch durch die sozialen Netze längst passiert und damit genau eine jener beschriebenen gesellschaftlichen Wandlungen oder Entwicklungen, die sich nicht mehr rückgängig machen lassen. Das kulturelle Merkmal dieser Revolution besteht meines Erachtens darin, dass die sozialen Netze bereits eine Antwort der Gesellschaft auf das Vorhandensein der ständigen Verfügbarkeit von Sachkenntnis und Wissen sind. Um aber herausfinden zu können, wie sich der Einzelne auf diesen Wandel beziehen kann, muss man ihn ja erst einmal als eine gesellschaftliche Entwicklung erkennen und begründen können, also müsste er Teil von Bildung, Lernen und Ausbildung sein und somit der breiten Allgemeinheit zugänglich. Anders werden wir auch kaum lernen können, mit den Folgen dieses kulturellen Wandels umzugehen, also zum Beispiel der Vereinsamung, Traurigkeit oder Unverbindlichkeit, die, wie ihr mir ja immer wieder berichtet habt, gerade innerhalb der sozialen Netzwerke für viele Teilnehmer eine neue Wirklichkeit geworden sind.

Auch in der gesellschaftlichen Auseinandersetzung mit Sport und Wettkampf kann ich eine ganze Reihe kultureller Merkmale erkennen. Ich finde es deshalb gefährlich, die Wirkung und Bedeutung dieser Auseinandersetzung zu unterschätzen oder etwa als Einzelner darauf zu verzichten, in irgendeiner Form daran teilzunehmen. Ob man dies als aktiver Sportler/Wettkämpfer tut oder sich als Zuschauer oder Beobachter damit beschäftigt, spielt keine Rolle. Klammert man diesen Bereich jedoch gänzlich aus, fehlen meiner Meinung nach ganz wesentliche Bezugspunkte für die einzelne Persönlichkeit. Bildung, Lernen und Ausbildung heißt, sich auch diese möglichen Bezugspunkte anzueignen, denn sonst ist ein gesellschaftliches Verstehen untereinander nicht möglich. Treiben die Schichten der verfügbaren Bezugserlebnisse je nach Bildungsschwerpunkt auseinander, werden sie dadurch in späterer Folge eher zu allgemeinem Unverständnis untereinander als zur Fähigkeit, gemeinsam Probleme lösen zu können, beitragen. Die Auseinandersetzung mit und das Verstehen und Einschätzen der Bedeutung von Sport und Wettkampf innerhalb einer Gesellschaft hilft uns, diese als kulturelle Merkmale unserer Gesellschaft zu erkennen und uns als Teil dieser Gesellschaft zu definieren.

Gleiches gilt für die, heute aber lieber totgeschwiegene, „Spielekultur" der Gesellschaft. Wie kann es sein, dass diese in kultureller Bildung keinen Platz hat, obwohl sich weite Teile der Allgemeinheit (und insbesondere der Kinder) in ihrer Freizeit mit fast nichts anderem beschäftigen? Hier befindet sich die Bildungsverantwortlichkeit Mitteleuropas geradezu in einer Form von „Schreckstarre". Nachdem sich die meisten Bildungsverantwortlichen mit der „Spielekultur" noch immer nicht beschäftigt haben, können wir auch deren Auswirkungen auf das tägliche Miteinander nur staunend oder ungläubig beobachten, einen Bezug dazu hat ein großer Teil der Gesellschaft aber nicht. Dabei wäre es hochinteressant und ungemein wichtig, sich die Entwicklungen und Wandlungen vergegenwärtigen zu können, die die Inhalte der Spielekonsolen oder die in ihnen vorkommenden Scheinwelten genommen haben. Wir bieten weder Jugendlichen noch Erwachsenen eine Ausbildung – und damit keine lernbare Auseinandersetzung – mit dem Suchtpotenzial von Spielen oder deren möglicher folgenschweren Wirklichkeitsverfremdung an. Wir trauen uns zwar heute kaum noch, Fußball und den Besuch von Fußballspielen als Teil einer gesellschaftlichen Unterkultur hinzustellen (das war einmal ganz anders ...), wir haben aber gleichzeitig gar keine Hemmungen, die elektronische Spielekultur als Teil einer Unterkultur zu brandmarken und damit die dringend nötige gesellschaftliche Wachsamkeit und Ausbildung zu verhindern. So schieben wir die große Gruppe der Spielebenutzer in eine gesellschaftliche Randposition, ohne aber wahrhaben zu wollen, dass wir in Wirklichkeit (man nehme nur ihre Benutzerzeiten als Indikator ...) wohl kaum noch von einer Randgruppe sprechen können. Verharren wir aber in unserer wirklichkeitsfremden Haltung, so treiben wir ein weiteres Mal gesellschaftliche Bezugspunkte auseinander.

Auch wenn das vielleicht niemand wahrhaben will, setzt sich unsere Gesellschaft in ganz ähnlicher Weise seit Jahrzehnten, und ohne irgendeine nennenswerte Ausbildung damit zu verbinden, völlig wehrlos der TV- und Medienlandschaft aus. Wiewohl niemand bestreiten kann, dass in Zeitungen, Radio und Fernsehen eine riesige Menge an kulturellen Merkmalen ergänzt, erschaffen oder verändert wird, gesellschaftlicher Wandel und Entwicklung also andauernd vonstattengehen, haben wir uns in Bildung, Lernen und Ausbildung noch kaum damit auseinandergesetzt. Die nun aber fast selbstständige Vernetzung von Wissen und sozialen Weiterentwicklungen im sich austauschenden Internet ist ein ganz entscheidender Einschnitt, ein Sprung nach vorne im Vergleich zu gedruckten Medien oder bewegten Bildern. Zu einem Zeitpunkt in unserer Gesellschaftsgeschichte, an dem wir die Notwendigkeit, uns zumindest mit den „bekannten" Medien eingehend zu beschäftigen, endlich beginnen zu begreifen, hat uns die Schnelligkeit des Wandels und der Entwicklung dieser Medien hin zum Internet schon längst das Zepter aus der Hand genommen. Ein umfassendes und sofortiges Umarbeiten von Bildungsplänen, sowohl in Schuldbildung als auch Erwachsenenbildung tut dringend not, denn wir müssen dem Verständnis dieses neuen Umfeldes größte Aufmerksamkeit schenken und es nicht als nebensächlich abtun. Nachdem die Geschwindigkeit von gesellschaftlichem Wandel zu- und nicht etwa abnimmt, müssen wir auch noch entsprechend schneller und entscheidender darauf reagieren.

Damit kommen wir aber gleichzeitig an jenen Punkt, an dem die seit Jahrzehnten auseinandertreibenden Bezugspunkte kultureller Merkmale in eine neue Verfügbarkeit gebracht werden könnten: Wenn wir uns jetzt tatsächlich bemühen, Versäumtes nachzuholen, dann müssen wir unserem modernen Wissen über das, was uns alles an Werkzeug abhandengekommen ist, auch wirklich Rechnung tragen. So sehr die Verlagerung von Bildung, Lernen und Ausbildung auf wirklichkeitsnahe Inhalte wünschenswert sein muss, so klar ist aber auch die Verpflichtung der Gesellschaft, ursächliche kulturelle Merkmale in ihrer Entstehung und Entwicklung nachzeichnen zu können. Genau wie für „moderne" Merkmale gilt auch für weiter in der Vergangenheit liegende oder auch ursächliche Merkmale, dass die Fähigkeit, solche nachzeichnen zu können, von der Möglichkeit des Einzelnen abhängt, sich zu einem kulturellen Merkmal in Beziehung setzen zu können.

Schauen wir uns deshalb doch die Fähigkeit, sich „zu etwas in Beziehung setzen" zu können, einmal genauer an: Meiner Meinung nach hängt sie neben dem „Vorstellungsvermögen" des Einzelnen auch ganz entscheidend von dessen „Herzensbildung" oder Fähigkeit zur Empathie (Feinfühligkeit) ab. Die Gefühlsbildung und das Vorstellungsvermögen des Einzelnen zu fördern, hervorzuarbeiten und zu stärken muss also, neben veränderten Inhalten, ein fester Bestandteil von Bildung, Lernen und Ausbildung sein. Diese beiden herausragenden menschlichen Eigenschaften sind unabdingbare Voraussetzung, um ein „sich in Beziehung setzen" zu kulturellen Merkmalen möglich zu machen, sie sind unser unbedingtes Rüstzeug, damit wir uns mit diesen Merkmalen auseinandersetzen können. Ohne die Kraft, sich etwas vorstellen zu können, kann man für mein Dafürhalten kein genaues oder selbstsicheres Gefühl dazu entwickeln. Und wenn man sich Herkunft, Bedeutung und Grenzen eines eigenen Gefühls nicht vorstellen kann, kann es einem auch nicht umfassend zur Verfügung stehen oder verständlich sein. Das führt in weiterer Folge dazu, dass wir uns zu unseren eigenen kulturellen Merkmalen nicht in Beziehung setzen können. Mit nichts geht unsere heutige Gesellschaft sorgloser um als mit unserem Vorstellungsvermögen und mit einer ihm gemäßen Ausbildung dafür.

In immer mehr Bereichen unseres täglichen Umgangs wird die Notwendigkeit, zumindest ein gewisses Maß an Vorstellungsvermögen mitbringen zu müssen, durch „Denkkrücken" und ähnliche Hilfsmittel ersetzt. Wenn ich unter möglichen Antworten nur mehr die mir am wahrscheinlichsten scheinende anzukreuzen habe, dann kann es sehr wohl sein, dass ich nicht mehr herausgefordert werde, darüber nachzudenken, ob es nicht auch noch eine völlig andere Antwort geben könnte. In der schulischen Erziehung unserer Kinder haben wir die Werkkunde, Musik, Malerei, Dichtung oder Träumerei weitestgehend abgeschafft. Selbst in der Ausbildung zum Handwerk fehlt das händische Erarbeiten, ein Werkstück wird nur mehr zusammengesetzt, nicht aber von Grund auf erschaffen. Erkundung und Abenteuer ist aus dem Alltag von Jugendlichen verschwunden. Die Art, wie wir uns gegenseitig fortbilden oder welchen Einflüssen wir uns aussetzen, ist zögerlich und überraschungslos. Jene Bereiche der Kultur, die bislang ein ständiges Feilen am Vorstellungsvermögen des Einzelnen ermöglicht haben, zum Beispiel Musik, Theater, Bücher, Kunst und Tanz, werden von einer immer geringeren Anzahl an Menschen besucht oder verwendet. Selbst an höheren Bildungseinrichtungen wie Universitäten und Hochschulen finden sich nur noch wenige fachübergreifende Pflichtstunden. Aber mit dem Abnehmen unseres Vorstellungsvermögens steigt nicht nur unsere Gefühlskälte, wir verlieren damit auch die Möglichkeit, Unheil bringende Zusammenhänge zu erahnen und neue, überraschende Lösungen zu finden.

Je weniger man sich der Welt der Medien, Spiele und des Internets entziehen mag, kann oder sollte, umso klarer sollte man sich über deren unter Umständen verhängnisvolle Rückwirkungen auf unsere ureigensten menschlichen Eigenschaften im Bilde sein. Wer sich selber nicht mehr in Beziehung setzen kann, wem es an Vorstellungsvermögen und Gefühlsbildung fehlt, die Ableitung menschlichen Daseins aus kulturellen Merkmalen als Teil seines eigenen Lebensweges und auch seiner Aufgabe zu sehen und dies zu bejahen, der wird letztlich auch den anderen eines Tages nicht mehr verstehen können. Vom Nicht-Verstehen-, Nicht-Achten- und Nicht-Nachvollziehen-Können ist es leider nur ein kleiner Schritt zu Missachtung, Unterjochung und Gewalt. Deshalb müssen wir umgehend in kultureller Bildung, Lernen und Ausbildung vor allem auch ein Gegengewicht zur andauernden Vernichtung von Vorstellungsvermögen und Gefühlsbildung schaffen.

Brief sechzehn

Gesellschaft und familiäre Netze oder:
„Von der Sehnsucht nach Geborgenheit"

Wenn ihr mir von den Familien eurer Freunde erzählt habt, wenn uns diese besucht haben oder längere Zeit bei uns zu Gast waren, dann blieb in den meisten Fällen bei uns als Eltern der Eindruck eines zunehmenden Verfalls des uns bekannten westeuropäischen Familien- und Erziehungsgefüges zurück. Das gesellschaftliche Umfeld, in dem ihr mit euren Freunden groß werdet, scheint sehr selbstsüchtig zu sein, kommt mir fast wie eine leere Mondlandschaft vor, in der Individuen ichbezogen und halt- und planlos herumhüpfen und sich nicht wirklich miteinander verbunden fühlen. Für mich liegt der Grund für das seit über dreißig Jahren beispiellose Scheitern gesellschaftlich familiärer Wegbestimmung und damit auch der fehlenden Möglichkeit interner familiärer Hilfeleistung auf der Hand: Das schreck-starre und ängstliche Festhalten der Elterngeneration an Wertemustern, die sie für sich selbst schon lange als ungültig entlarvt hat! Die Scheu dieser Erziehergeneration, neue und für den heutigen Zeitraum gültige Werte-muster nicht nur zu formulieren, sondern auch umzusetzen und zu ver-teidigen, hat zu einer Flucht in die gesellschaftliche Selbstbelügung geführt. Dass die sich zuspitzenden Schwierigkeiten angesichts der unglaublichen Verselbstständigung und Beschleunigung des familiären Umfeldes mensch-lich durchaus erklärbar sind, hilft mir dabei wenig. Der Verfall innerhalb von Familiengefügen ist offensichtlich.

Die Hauptursachen dieses Verfalls liegen meiner Meinung nach aber nicht nur in der zunehmenden Auflösung der westeuropäischen familiären Wertemuster, also in der gesellschaftlichen Verunsicherung gegenüber dem aus der christlichen Werteskala stammenden Prinzip der Toleranz (siehe auch Brief vierzehn …), sondern auch in der durch diese Verunsi-cherung hervorgerufenen Distanzlosigkeit oder Kumpanei zwischen den Generationen. Lasst mich aber zunächst bei der Auflösung der familiären

Wertemuster bleiben: Auch wenn man christliche Werte nicht mit denen „der Kirche" verwechseln darf, so ist die westeuropäische Familie über Jahrhunderte der kirchlichen Anleitung und Auslegung des Christentums ausgesetzt gewesen. Diese mag je nach kirchlicher Ausrichtung durchaus Unterschiede gehabt haben, allen Ausrichtungen gleich ist aber, dass sie eine gewisse Versorgungsabmachung innerhalb von Familien vorschlägt. Aus dieser ließen sich dann, je nach innerfamiliären Machtverhältnissen, weitreichende Folgen für die Erziehung von Kindern, vor allem aber (und das ist das Entscheidende aus heutiger Sicht …) über das Führen von Partnerschaften ableiten. Es wird wohl schwer abzustreiten sein, dass in der Regel der Mann als Versorger und damit Tonangeber in den meisten dieser Partnerschaften verankert war und dieses zu einer gesellschaftlich gesehen zweitrangigen Rolle der Frau geführt hat.

Nach zweien, von der Mehrheit der Kirchen mitgetragenen Weltkriegen, die einer ganzen Reihe von jungen Männern das Leben kosteten (und die Übriggebliebenen nur auf das Schwerste gezeichnet zurück in ihr soziales Umfeld entließen …) und einer bis heute fortgesetzten weltweiten Abschlachtung in den Kriegen oder Stellvertreterkriegen unter amerikanischer oder auch sowjetischer/russischer Beteiligung (und leider heute auch wieder mitteleuropäischer …) hegten die vergleichsweise vaterlosen Nachfolgegenerationen Westeuropas doch erhebliche Zweifel an der Gültigkeit des kirchlichen Familienbildes. Zudem geriet die kirchlich geprägte Aufgabenverteilung innerhalb der Familie durch die sich beschleunigende Befreiung und Selbstverwirklichung der Frau (welche durch die Entwicklung von vergleichsweise problemloser Empfängnisverhütung stark vereinfacht wurde) zusätzlich unter vermehrten Druck. Allerdings ist es uns nicht gelungen, den Zusammenbruch dieses Familienbildes und seiner Versorgungsabmachung durch etwas zu ersetzen, was über eine gleichwertige gesellschaftliche Billigung verfügen würde. Wobei ihr in diesem Zusammenhang auch nicht vergessen dürft, dass ausnahmslos jedes der großen Familienbilder aller Weltkirchen eine ganz ähnliche Bewegung gesehen hat oder gerade im Begriff ist zu sehen. Die Bejahung dieser Erkenntnis würde uns wahrscheinlich sehr helfen können, die fortwährende Verteufelung von Religionen anderer Weltkirchen nur wegen der Auswüchse von Splittergruppen ein wenig zurückzufahren. Diese kämpfen alle mit ganz ähnlichen Problemen wie die westeuropäischen Kirchen in den letzten fünfzig Jahren.

Ich meine außerdem, dass die komplette Abwesenheit jedes ernst gemeinten Versuches einer jeweiligen Erziehergeneration, familiäre Wertemuster zu verteidigen oder aber (und sei es nur experimentell …) durch neue zu ersetzen, zu einer beispiellosen Distanzlosigkeit und Kumpanei zwischen den Familiengeneration geführt hat. Wenn ich mich als Erzieher hilflos und verunsichert fühle, dann rücke ich ganz automatisch den mir Anvertrauten „auf den Pelz"! Wir tragen die gleichen Kleider, hören die gleiche Musik, besuchen die gleichen Konzerte, sehen dieselben TV-Formate und machen jede Mode, jeden Sport und bei jeder noch so fragwürdigen Neuerung sofort mit, nur aus Angst, wir könnten den Anschluss an unsere Kinder verlieren. Dabei sehen wir nicht, dass wir sie dadurch in ihrer Entwicklung behindern, denn sie brauchen und suchen erzieherische Distanz und Reibungspunkte, nicht Kumpanei.

Mit dem, was ich in den obigen Absätzen beschrieben habe, könnt ihr euch hoffentlich einige der einschneidendsten Bewegungen der letzten fünfzig Jahre ganz gut vergegenwärtigen: Die Abkehr von einem jahrhundertealten Familienbild, ohne dass etwas anderes an dessen Stelle getreten wäre, ist für mich eine der Hauptursachen unserer heutigen gesellschaftlichen Verunsicherung. Zeitgleich dazu kommt es aufgrund der ständig spürbaren atomaren Selbstauslöschungsbedrohung, der Anschauung fortgesetzten Tötens und Verhungerns, wirtschaftlicher Plünderung und der Ausbeutung des Planeten und seiner wehrlosen Bevölkerungsmassen sowie der zunehmenden Umweltverschmutzung und Knappheit sauberer Nahrung zu einem tiefgreifenden gesellschaftlichen Selbstzweifel, sozusagen einer westeuropäischen Sinnkrise. Wenngleich diese Sinnkrise heute akuter ist denn je, so liegt die einschneidende Wirkung der Abkehr vom jahrhundertegültigen Familienbild und ihre Bedeutung für Erziehung und Familie meiner Meinung nach bereits in der Vergangenheit. Innerhalb der letzten dreißig Jahre sind weite Teile der Mehrheiten aus einem vorher ganz intuitiv verwendeten gemeinsamen gesellschaftlichen Nachdenken und Bewältigen schlichtweg ausgeschert. Das lässt sich wohl nur durch die ungeheuren gesellschaftlichen Forderungen und Verwicklungen dieser letzten dreißig Jahre erklären, sie haben in ihrer geschichtlichen Wucht scheinbar eine Menge Leute zutiefst verunsichert und dadurch mutlos werden lassen. Den Starken, Nichtverunsicherten, wurde so eine Flucht in den Elfenbeinturm oder in eigennützige, selbstverliebte Beschäftigungen ermöglicht, während sich die Mehrheiten entweder rausgehalten und passiv abgewartet haben oder sich von den Medien haben ablenken lassen. Aber jede gesellschaftliche Verlogenheit (und eine solche ist das Ausscheren aus dem oben erwähnten gesellschaftlichen Nachdenken und Bewältigen mittels „raushalten" …) verstärkt die Hilf- und Planlosigkeit in Erziehung und Familie.

Das ist in seiner Bedeutung auch deshalb noch immer verkannt, weil in der gedanklichen Auseinandersetzung mit den gesellschaftlichen Werten des Familien- und Erziehungsgefüges der Einfluss von gesellschaftlicher Verlogenheit bzw. Verdrängung auf die gesellschaftlichen Wertvorstellungen von Partnerschaft, oder überhaupt die Fähigkeit zu einer Partnerschaft, sträflich vernachlässigt wird. Überlegungen zur mangelnden Wertevermittlung oder inkonsequenten Haltung in der Kindererziehung sind ja schnell bei der Hand und werden gerne angestellt, sind aber eigentlich zweitrangig, denn die gesellschaftliche Wahrheit ist doch, dass, wenn wir schon innerhalb von Partnerschaften keine Werte mehr vermitteln und keine Beziehungsarbeit mehr leisten können, wie sollen wir das denn dann gegenüber Kindern können? Wir merken zwar, dass Partnerschaften im herkömmlichen Sinne immer öfter nicht mehr funktionieren und experimentieren entsprechend damit herum, aber es ist uns noch nicht gelungen, diesbezüglich eine gesellschaftsweite Auseinandersetzung und wirkliche Erneuerung in Gang zu bringen. Wir halten uns fatalerweise immer noch in der Zone von Verlogenheit und Verdrängung auf, mit den entsprechend unausweichlich schlimmen Rückkoppelungen auf uns selbst, unsere Partner und in der Folge natürlich auch auf unsere Erziehungsarbeit.

Von gleicher Bedeutung aber ist die geschichtliche Veränderung bei der Chancengleichheit und bezüglich des Zugangs Einzelner zu Ausbildung und Information, insbesondere für Frauen, Jugendliche und Kinder. Dabei spielt es zunächst keine Rolle, ob dieser Zugang tatsächlich in vollem Ausmaß besteht, wichtig ist, dass er prinzipiell plötzlich vorhanden war und auch als ein solcher empfunden wurde. Dabei befinden sich gerade Frauen aus geschichtlicher Sicht auch heute noch in einer widersprüchlichen Lage, denn die Verlogenheit der Gesellschaft setzt sie zusätzlich unter Druck. Die Mehrheit unserer Gesellschaft erwartet von ihnen immer noch die Sicherstellung eines herkömmlichen Familienbildes, obwohl dieses Familienbild schon lange keine alltägliche Gültigkeit mehr hat. Jugendliche und in zunehmendem Ausmaß auch Kinder sind innerhalb der seit Jahrzehnten andauernden Selbstbezweifelung der Gesellschaft tagtägliche Zeugen von Werteauflösungen, an deren Stelle kaum etwas anderes tritt. Die eigentlichen und vordringlichen Bezugspunkte ihrer Welt, nämlich ihre Familien, befinden sich in fortwährender Auflösung und im Rückzug aus dem, was zum Entstehen und zur Bejahung von Kindern geführt hat, ihre Eltern können die eigenen Beziehungen nicht mehr halten, geschweige denn als erzieherische Vorbilder dienen. Die vorhandenen Antworten der Allgemeinheit sind hoffnungslos veraltet und versuchen leider allzu oft ein Familienbild (Ehe, Treue, Versorgungsabmachung und Frauenbild) einzufordern, das der Realität nicht gewachsen sein kann. Damit sind Jugendliche und Kinder direkt gesellschaftlicher Verlogenheit und Verdrängung ausgesetzt, welche aber ursächlich mit ihnen gar nichts zu tun haben und auch nichts zu tun haben dürfen.

Gleichzeitig stellt die Verharmlosung des jederzeitigen Zugangs von Jugendlichen und Kindern zu Information, medialer Berieselung, sozialen Netzwerken und damit möglicher Beeinflussung eine der großen gesellschaftlichen Verdrängungen dar. Durch den Zerfall des herkömmlichen

Familien- und Erziehungsgefüges ist das Auseinanderklaffen menschlicher und gesellschaftlicher Reife von Jugendlichen und Kindern kaum mehr aufzuhalten. Immer, wenn man etwas daran verdienen kann, werden Kinder als gesellschaftlich reif genug eingestuft. Immer, wenn sie sich dann nicht so entwickeln, wie es die Gesellschaft gerne hätte, dann haben Kinder und Jugendliche versagt, weil sie ja nicht reif genug waren. Das ist alles eine tief selbstbezogene Betrachtungsweise einer verlogenen Erwachsenenwelt. Diese ist doppelt gefährlich, weil sie noch dazu „die Rechnung ohne den Wirt" macht, denn Jugendliche und Kinder haben längst eine ganz eigene Sprache und einen im Großteil unbemerkten Informationsaustausch untereinander entwickelt, von dem die „immer noch nicht erwachsen sein wollenden" Erwachsenen unserer Generationen völlig ausgeschlossen sind, gerade weil sie sich so distanzlos an die Jugendlichen anbiedern. Wer innerhalb sozialer Netzwerke genau hinhört, wird überrascht und erschüttert sein, wie schonungslos Jugendliche und Kinder nicht nur miteinander umgehen, sondern auch hinter die Fassade dessen schauen, was ihnen da zuhause als Familie aufgetischt wird. Ohne sich diesen Tatsachen zu stellen, kann die Gesellschaft kein neues Familien- oder Erziehungsgefüge zu entwickeln beginnen.

Ansätze dazu kann es nur geben, wenn wir, genau wie bei den in anderen Briefen angesprochenen wirtschaftlichen Themen, auch in der Verantwortung gegenüber Familie und Erziehung eine nüchterne Bestandsaufnahme der Sachlage vornehmen und dabei dort beginnen, wo die gesellschaftliche Wirklichkeit aktuell tatsächlich steht: Die heute einflussreichen und bestimmenden Generationen im Prozess gesellschaftlicher Entwicklung sind im hohen Maße säumig oder unfertig, was ihre eigene Vergangenheitsbewältigung und Selbstehrlichkeit angeht. Sie ziehen in der Regel Verdrängung und Selbstbetrug einer offenen gesellschaftlichen Auseinandersetzung vor. Erfolgreiche und dauerhafte Partnerschaften sind etwas Wunderbares, wenn sie gelingen, aber sie sind in der Minderheit. Die Bevölkerungsmehrheit wie auch die politische Mittelmäßigkeit verdrängt dies weiterhin. Deshalb erneuert, renoviert sie ihre Angebote an Partnerschaften, Familie und Erziehung nicht, modernisiert sie nicht. Die meisten bestehenden gesellschaftlichen Antworten und Hilfestellungen gehen also an der Mehrheit weitestgehend vorbei, so wie in der Familienberatung, der Sorgerechtsprechung und den Angeboten an wirklichkeitsnahe Familientherapien. Das ist verhängnisvoll, denn aus Partnerschaften gehen Kinder hervor, und in der Regel werden diese Kinder oder Jugendlichen nicht in einem Familiensystem groß, für das die Gesellschaft ein entsprechendes Regelwerk gebildet bzw. Vorsorge getroffen hat.

Partnerschaften werden heutzutage „de facto" nur auf eine bestimmte Zeit geschlossen, an dieser Tatsache kommen wir nicht vorbei. Zum Zeitpunkt ihres Abschlusses kann keiner der beiden Partner wissen, wie lange diese Verbindung halten wird. Die rechtlichen und finanziellen Tragweiten von Partnerschaften müssen dem Rechnung tragen. So darf eine Ehe oder Partnerschaft beispielsweise nicht zu einer wirtschaftlichen Verknüpfung der Partner führen. Übernimmt einer der beiden Partner im Rahmen einer Partnerschaft das Gros der Erziehungsarbeit, so muss sie/er für die Dauer dieser Tätigkeit von seinem Partner oder aber von der Gesellschaft bezahlt und versorgt werden. Die gesellschaftliche Anerkennung von Partnerschaften muss unabhängig davon sein, ob diese gegen- oder gleichgeschlechtlich sind. Die Allgemeinheit hat kein Recht, den Verbleib von Partnerschaften zu fordern oder wirtschaftlich zu unterstützen, obwohl einer der beiden Partner eine Beendigung dieser Partnerschaft ausdrücklich wünscht. Die meisten dieser Ansätze sind in vielen Gesellschaften Westeuropas bereits im Gesetz verankert, jedoch nicht alle und nicht in dieser Selbstverständlichkeit. Sie sind oft zwar rechtlich möglich, werden aber dennoch nicht als gesellschaftliche Antwort verstanden, weshalb sie in der Folge dann zum Schaden vieler nicht angewendet werden.

Es ist zwar verständlich, dass aus geschichtlichen und praktischen Gründen in der Vergangenheit ein Wertemuster von einer einzigartigen und lebenslangen Partnerschaft vermittelt wurde, es entspricht aber nicht mehr der gesellschaftlichen Wirklichkeit. Genauso wie heute die ganz natürliche

Möglichkeit des Endes und des Wechsels von Partnerschaften von der Allgemeinheit vorbehaltlos verstanden werden muss, so werden wohl auch in weiterer Folge ganz neue und heute der Mehrheit noch gar nicht bekannte Partnerschaftsvereinbarungen den Ausgangspunkt von Familie und Erziehung bilden. Auch diese wird die Gesellschaft nicht behindern dürfen, denn die Zukunft von Entwicklung und Erneuerung liegt bei den jeweils nachdrängenden Generationen, und wenn es an gesellschaftlichen Voraussetzungen für ihre Ankunft und Erziehung fehlt, dann schafft sich die Bevölkerung auf Dauer selber ab. Wie schnell das geht, sollte uns ein Blick auf westeuropäische Geburtenregister ja ohne jede mögliche Beschönigung zeigen können. Letztlich sind moderne Partnerschaften und deren Dauer oder ineinander verschlungene Pfade doch nur der Ausdruck unserer weitaus lebendigeren und vielfältigeren Möglichkeiten, Selbstverwirklichung und Freiheit des Einzelnen sowie einer deutlich erhöhten Lebenserwartung und Versorgungsunabhängigkeit.

In diesem Sinne ist also auch Familie eine Einrichtung auf Zeit, welche ihr Gesicht durchaus zu wandeln vermag, sogar mehrmals im Laufe einer Lebens- oder innerhalb einer Erziehungsspanne, denn diese kann je nach Geschwisterzahl oder Folgebeziehungen bis zu fünfundzwanzig Jahre oder länger dauern. In einer Familie ist es, wo Kinder für eine lange Zeit „zu Gast" sind und wo sich die Allgemeinheit beste Bedingungen für sie erhofft. Damit muss die Familie in ihrer von der Gesellschaft gewünschten Funktion als Herzstück der Wertevermittlung und Erziehungsarbeit dringend überdacht und neu gestaltet werden, denn die Bezugspersonen für Kinder werden sich (und das ist heute bereits die Normalität ...) während ihres Aufenthaltes in einer Familie unter Umständen ändern, vielleicht sogar mehrmals, genauso wie sich die Größe von Familien durch das Dazukommen von Halbgeschwistern und anderen Familienmitgliedern verändert. An dieser Wahrheit dürfen wir nicht vorbeiplanen. Vor allem deshalb nicht, weil das Ausmaß an Leid und Schrecken in Familien (oder dem, was davon in Einzelfällen übrig bleibt ...), das über die ehemaligen oder auch neuen Partner in eine solche Familie hineingetragen werden kann, mitunter geradezu unfassbare Ausmaße annimmt. Es ist wunderbar, wenn dem nicht so ist, ein jeder von uns kennt aber genug Fälle, wo für einige Familienmitglieder ein beispielloser Leidensweg beginnt, wenn sich Partnerschaften neu formieren. Darüber angerufene Familiengerichte und Jugendämter sind hoffnungslos überlastet und werden in ihrer Ausbildung auch noch gar nicht dafür geschult, einem neuen Familienverständnis Hilfestellung oder Schutz zu geben.

Unsere Gesellschaft wird nicht auf die Mitarbeit der uns nachfolgenden Generationen bei Erneuerung und Entwicklung zählen können, wenn deren Ersterfahrung mit Gesellschaft eine von Schutzlosigkeit oder Ausgeliefertheit ist. Wenn sich die Gesellschaft weiterhin von ihren Aufgaben bezüglich Familien- und Erziehungsarbeit abwendet, dann haben Jugendliche und Kinder später weder an der Gestaltung des politischen Miteinanders Interesse, noch werden sie es verteidigen. Nachdem die Sehnsüchte junger Menschen in Westeuropa nach wie vor zu einem nicht unerheblichen Teil in Verbindung mit Familie und Kinderkriegen stehen und es deshalb auch glücklicherweise weiterhin zu Familiengründungen und Geburten kommt, muss die Allgemeinheit die Ausbildung zu Elternschaft als Teil schulischer Bildung verankern. Dafür sollte sie einen umfangreichen Teil von Lehrplänen vorsehen und im Grundschulalter damit anfangen, die Voraussetzungen für ein Verständnis von moderner Familie zu schaffen. Gleichzeitig sind die Heranbildung und der Bestand von Familien oder deren Neuordnung von der Gesellschaft zu begleiten und der Allgemeinheit unter Umständen weitreichende Rechte zu geben. Wenn sich Partnerschaften innerhalb von Familien auflösen, dann müssen Familieneinrichtungen oder Familienanwaltschaften der Gesellschaft im Falle von Unstimmigkeiten für rascheste Klarheit sorgen können. Gerade eine schnelle Handlungsweise ist für das Geborgenheits- und Schutzbedürfnis aller Kinder von entscheidender Bedeutung. Wie in allen Fällen, sollte eine solche Handlungsweise regelmäßig unabhängig überprüfbar sein.

So muss es in vielen Fällen neue Normalität werden, dass sich Familien innerhalb wechselnder Partnerschaften „neu anmelden" können und dann auch entsprechend geschützt werden. Dabei brauchen sie Beratung und Hilfe. Solange ehemalige Partner keine Zwistigkeiten auf dem Rücken ihrer gemeinsamen Kinder austragen, ist ein gemeinsames Sorgerecht sicherlich Selbstverständlichkeit und die Gesellschaft muss die Voraussetzungen dafür schaffen, regelmäßig überprüfen und schützen. Die tägliche Wirklichkeit kann aber unter Umständen ganz anders aussehen. Daher muss sich die Gesellschaft in die Lage versetzen, eine „neu angemeldete" Familie vor Ansprüchen oder Zwistigkeiten aus den jeweils vorangegangenen Familienzusammensetzungen oder Partnerschaften wirkungsvoll schützen zu können. Und auch umgekehrt gilt das genauso! Sie muss gleichzeitig die neu angemeldete Familie kontrollierend und überwachend unterstützen, wobei sie die Rechte der Kinder vertritt, und nur diese. Schnelligkeit und Nachvollziehbarkeit müssen dabei das oberste Gebot sein. Wer sich übergangen fühlt, sollte die Möglichkeit haben, eine unabhängige Kontrolle anzurufen, nicht aber einen verwaltungsgerichtlichen Leidensweg für alle zu entfachen. Gesellschaft darf sich letztlich auch nicht davor scheuen, Erziehungsarbeit ausschließlich oder zeitweise in dafür ausgebildete Hände zu übergeben, wenn sie zu der Überzeugung kommt, dass das Wohl der Kinder es verlangen würde. Die Sehnsüchte unserer Kinder nach täglicher Geborgenheit und Hoffnung müssen immer über der Selbstbezogenheit ihrer ursprünglichen Erziehungsverantwortlichen stehen.

Wenn trotz aller Begleitung (Mediation) durch die Gesellschaft die beiden erstverantwortlichen Erzieher eines Kindes diesem auf Dauer kein ausgeglichenes und angstfreies Zuhause schaffen können, muss die Gesellschaft zum Wohle des Kindes eine klare Entscheidung treffen. Das gilt genauso, wenn Kindern in einer neuen Erziehergemeinschaft nicht mindestens ähnliches Wohlergehen garantiert werden kann. Denn auch dies muss von dafür ausgebildeten Sozialarbeitern der Gesellschaft regelmäßig kontrolliert und überprüft werden. Der höchstvermittelbare Grundwert einer Gesellschaft an ihre Nachkommen ist ihr unbedingter Schutz. Sonst brauchen wir es später mit der Vermittlung von anderen und uns so wichtigen Wertemustern gar nicht erst zu probieren.

Brief siebzehn

Gesellschaft und Hoffnung oder:
„Vom Stand der Menschlichkeit"

In unserem Bestreben nach größtmöglicher Freiheit des Einzelnen verkennen wir immer wieder das gesellschaftliche Wissen aller um die schiere Gewalt, das Ausmaß oder auch die tatsächliche Gewalttätigkeit dieser Freiheit. Die Mehrheit eurer Mitmenschen fürchtet sich meiner Meinung nach vor zu viel Freiheit, weil sie der Fähigkeit des Einzelnen, diese Freiheit innerhalb der Gesellschaft verantwortlich zu gestalten, misstraut. Dieses Misstrauen ist nicht nur geschichtlich, sondern auch aus eigenem Erleben in Familie, Erziehung, Partnerschaft und sozialem Umfeld jederzeit begründbar und herleitbar. Es ist also eine gesellschaftliche Tatsache, mit der sich das Freiheitsstreben jedes Einzelnen auseinandersetzen muss, solange sich dieser im Rahmen der Gesellschaft bewegen möchte. Im Gegensatz zu oft anders vertretenen Meinungen ist die Mehrheit in der Regel weder dumm noch lenkbar. Alles, was wir meiner Meinung nach tatsächlich über die Mehrheit unserer Mitmenschen sagen können, ist, dass sie über eine erstaunlich tiefe, gemeinsame Erinnerung verfügt und recht ähnliche Ängste teilt. Die Freiheit des Einzelnen wird durch die gemeinsamen Ängste gesellschaftlicher Mehrheiten auf natürliche Art und Weise beschränkt und wird sich daher stets in diesem Spannungsfeld bewegen müssen.

Gesellschaftliches Miteinander besteht meines Erachtens darin, für Ausgewogenheit zwischen der Schutzbedürftigkeit der Schwachen und der Selbstverwirklichung der Starken zu sorgen. Das und nichts anderes ist der Wille der Mehrheit, weil sie nur diesen Willen aus ihrer tiefen Erinnerung und aus ihren gemeinsamen Ängsten jederzeit ableiten kann. Wann immer diese Ausgewogenheit in Gefahr gerät, wird sich die Mehrheit zu Wort melden und, wenn sie keine andere Lösung sieht, schnell und notfalls gewalttätig zur Wehr setzen. Wenn eine bestimmte Grenze gesellschaftlichen Unbehagens erreicht ist, dann überschlagen sich die Ereignisse. Für mich hat zu keiner Zeit in der modernen Geschichte der Menschheit das Überschreiten der Grenze des der Gesellschaft zumutbaren Unbehagens etwa zu einer gemächlichen oder verschlafenen Reaktion geführt. Es führte immer zu einer Revolution, sowohl im herkömmlichen als auch im übertragbaren Sinn. Die übertriebene Selbstverwirklichung der Starken kann unter dem Deckmantel einer freiheitlichen Gesellschaftsordnung also eine Revolution hervorrufen, falls der gesellschaftliche Wille zur Ausgewogenheit nachhaltig verletzt oder missachtet wird.

Dabei ist es wichtig zu verstehen, dass der mehrheitliche Wille beide Enden seiner gewünschten Ausgewogenheit beschützen wird, sowohl die Schwachen als auch die Starken, und dies historisch betrachtet tatsächlich immer wieder getan hat, auch wenn es manchmal eine lange Zeit gedauert haben mag, bis es dazu kam. Wenn die herrschende Leitung einer Gesellschaft Schwache oder Starke aber zu lange deutlich und einseitig begünstigt, dann wird die gesellschaftliche Mehrheit diese Form der herrschenden Leitung schließlich ändern. Deshalb kann sich der Einzelne dem Willen der Mehrheit nach Ausgewogenheit des gesellschaftlichen Miteinanders nicht entziehen, zumindest nicht auf Dauer. Dies gilt für beide, Schwache wie Starke. Die beiden Flügelkämpfe in der heutigen gesellschaftlichen Wirklichkeit, die beginnende Auseinandersetzung zwischen denen, die meinen zu wenig zu haben, und jenen, die nicht teilen wollen, sind nichts weiter als die Vorboten eines bevorstehenden Wandels der heute herrschenden Leitung. Ich habe leider große Zweifel an der Gewaltfreiheit dieses Wandels, denn die Fronten verhärten sich zusehends, auch und insbesondere deshalb, weil die Mehrheit der Bevölkerung sich noch immer über Ursache und Wirkung der momentanen Krisen nicht im Klaren ist.

Der beispiellose Zusammenbruch der Planwirtschaft in Osteuropa während der späten achtziger Jahre des vergangenen Jahrhunderts hat den sich zeitgleich abzeichnenden Verfall des westeuropäischen (und nordamerikanischen …) „Plünderungs"modells zunächst völlig verschleiert. Aber die Ursachen für den Zusammenbruch und Verfall sind meiner Meinung nach in beiden Fällen sehr ähnlich und werden dies auch in Wirtschaftssystemen außerhalb Europas sehr bald genauso sein. Hier wie dort hat gesellschaftliche Selbstbelügung über die Leistungsgrenzen und Bedingungen sozialer Umverteilung, gepaart mit Missbrauch und persönlicher Bereicherung, zur Uneinbringlichkeit des gesellschaftlichen Vorsorgeversprechens geführt. Die damit einhergehenden Wirtschafts- und Gesellschaftskrisen sind eine ganz natürliche Folge und werden schließlich (oder haben bereits …) in einen gesellschaftlichen Wandel und eine Neuordnung münden müssen. Um eine solche Neuordnung sinnvoll und nachhaltig gestalten zu können, muss sich in der Mehrheit der Bevölkerung erst einmal eine neue gemeinsame Erinnerung über die Ursachen und Wirkungen des Verfalls heranbilden. Nur dann werden die gesellschaftlichen Ängste zielgerichtet sein können und eine neue und tragfähige Willensbildung der Mehrheit hervorbringen. Bis dahin herrscht im Grunde genommen Chaos.

Es ist das Wesen jedes einzelnen Erklärungsversuches in den Briefen dieses Buches, dass er von einer ehrlichen Bestandsaufnahme des heutigen Istzustandes unserer Gesellschaft durch die Mehrheit ausgeht. Jeder Lösungsvorschlag oder Gedanke zu einer möglichen Neuordnung kann letztlich immer nur von einer Mehrheit der westeuropäischen Bevölkerungen vorangetrieben werden. Weder die Ehrlichkeit noch die Sachkenntnis in einer solchen Bestandsaufnahme muss von außen an diese Mehrheiten herangetragen werden. Wir alle wissen, was der Begriff „Ehrlichkeit" bedeutet und beinhaltet, wir alle wissen, wann wir lügen und wann wir ehrlich sind. Auch wenn ich als Einzelner in einer fortgesetzten „Lüge" leben würde, weil ich einfach im Moment nicht zur Wahrheit stehen kann oder nicht die Kraft dazu habe, weiß ich genau, was es heißen würde, ehrlich zu sein. Wir alle erleben mehr als ausreichend die tägliche Befindlichkeit unserer Familien, unserer Freunde und Bekannten, unserer Arbeitskollegen, Mitschüler und haben mannigfaltige Berührungen mit dem, was unsere heutige Gesellschaftsordnung ist. Wem sollte es also an Sachkenntnis mangeln? Die gesellschaftlichen Mehrheiten müssen sich nur aus dem Nebel der Bevormundung und Beeinflussung durch Interessenvertreter erheben.

Dann werden sie sich nicht länger am Gängelband politischer Mittelmäßigkeit führen lassen. Es geht nicht darum, ob die Mehrheiten durch ihre Nichtbeteiligung am politischen Prozess Mitverantwortung an den heutigen Zuständen tragen. Es geht allein darum, nicht einfach so weiterzumachen wie bisher. Dazu muss den Mehrheiten die eigene Unbehaglichkeit immer klarer werden oder zumindest immer drückender erscheinen.

Es kann beispielsweise an dem Unbehagen unserer Gesellschaft, Schulden auf Kosten von nachfolgenden Generationen oder unserer gesellschaftlichen Zukunftsfähigkeit zu machen, eigentlich keinen Zweifel geben. Genauso wenig wie es Zweifel daran geben kann, dass es die Mehrheit der westeuropäischen Bevölkerungen ungerecht findet, für die Schulden anderer Staaten haften zu sollen, bevor man noch seine eigenen wirtschaftlichen Probleme in den Griff bekommen hat. Und es gibt auch wirklich kaum jemanden, dem bei dem Gedanken nicht unbehaglich ist, als gesunder und leistungsfähiger Mensch, nur wegen einer aus dem vorigen Jahrhundert stammenden Altersgrenze, in Rente gehen zu müssen. Vor allem, wenn man weiß, dass die Rente in ihrer heutigen Form als gesellschaftliche Vorsorgeleistung gar nicht mehr bezahlbar sein wird. Es gibt Unbehaglichkeiten in Hülle und Fülle, jeder kann sie sehen und nachvollziehen. Dazu benötigt man meiner Meinung nach also keine besondere Sachkenntnis. Wahrscheinlich gäbe es schon längst einen anderen politischen Auftrag der Mehrheiten, wenn da nicht noch andere Kräfte im Spiel wären, Kräfte, welche die Unbehaglichkeit der Mehrheiten „künstlich" besänftigen, beruhigen und einzulullen versuchen, weil sie sich davon kurzfristigen Reichtum und Macht oder aber fortgesetzte Plünderung des Sozialsystems versprechen. Dabei steht der Kessel längst unter Dampf und der Druck wird immer höher. Aber wie so oft in der Geschichte sind es die Missbräuchler und Bereicherer der beiden entgegengesetzten Enden der Ausgewogenheit, die das hohe Lied der Beruhigung singen, denn gerade sie haben bei einer gesellschaftlichen Revolution zweifelsohne das meiste zu befürchten und zu verlieren. Aufhalten kann das den gesellschaftlichen Wandel allerdings nicht, er wird dadurch lediglich für alle nur schmerzvoller und gewalttätiger.

Natürlich hat es in der Vergangenheit (gerade in der deutschen …) Zeiten gegeben, in denen Splittergruppen vom Rand der Gesellschaft die unter Dampf stehende Unbehaglichkeit von Mehrheiten in ein ganz eigenes Fahrwasser bringen konnten und damit einen gesellschaftlichen Wandel mit unfassbar grausamen Folgen auf den Weg brachten. Glücklicherweise sind diese bestialischen Irrwege nicht von Dauer gewesen. Dennoch sollten wir uns ihre geschichtliche Wahrhaftigkeit immer wieder vor Augen führen, und sei es nur, um den nötigen Respekt vor der Machbarkeit und Schnelligkeit gesellschaftlicher Revolutionen zu bewahren. Was wir aber auf jeden Fall daraus ableiten können, ist, dass unter großem Unbehaglichkeitsdruck stehende Mehrheiten sehr wohl plötzlich für eine bestimmte Zeit „dumm und lenkbar" werden können, auch wenn sie es aus ihrem gesellschaftlichen Selbstverständnis heraus gar nicht sein dürften. Wenn es Interessenvertretern gelingt, die Ängste einer Mehrheit in einer bestimmten Form zu kanalisieren, wenn sie es schaffen, eine auserkorene Zielgruppe, einen vermeintlichen Widersacher oder eine bestimmte Minderheit unserer Gesellschaft als an unseren Ängsten und unserer Unbehaglichkeit Schuldige zu präsentieren, dann ist es mit dem mehrheitlichen Willen zur Ausgewogenheit zunächst einmal vorbei. Umso gefährlicher muss die heutige Ideenlosigkeit unserer eigenen politischen Mittelmäßigkeit anmuten, wo doch starke Angebote für gesellschaftlichen Wandel gebraucht werden, die im Einklang mit unseren Wertemustern und dem Bekenntnis zur sozialen Umverteilung stehen.

Nicht zuletzt kann der Unbehaglichkeit von Mehrheiten in Westeuropa kaum mehr mit der Drohung begegnet werden, dass jedwede Änderung an der bestehenden Gesellschaftsordnung tiefes Chaos hervorrufen würde. Das Chaos haben wir bereits vor Augen. Weder wird das Chaos noch die gesellschaftliche Unbehaglichkeit dadurch verschwinden, dass wir einfach gar nichts tun. Was im Hier und Heute geschieht, ist nichts weiter, als eine immer tiefer und immer weiter greifende Umverteilung der Lasten eines nicht gelösten Problems auf die Schultern jedes Einzelnen: Ein Haushalt kann nicht mehr ausgeben, als er einnimmt! Nehmen wir uns das nicht zu Herzen, führt die daraus resultierende Verschuldung in der Folge zur Uneinbringlichkeit des gesellschaftlichen Vorsorgeversprechens und damit zum Absturz der Gesellschaft. Das ist jedem Einzelnen klar, und die Realisierung dessen hat uns bereits größte gesellschaftliche Unbehaglichkeit gebracht. Wenn wir uns nicht sofort an die Lösung des Problems machen, dann werden wir binnen Kürze einen gesellschaftlichen Wandel von revolutionärem Ausmaß erleben.

Im Widerspruch zu aller politischen Philosophiererei ist es völlig unerheblich, in welcher politischen Systemwahl oder gesellschaftlichen Grundordnung man sich nun diesem Problem stellen wird: Ordentliche Haushaltsführung ist nicht eine Frage der gerade gewählten Form der herrschenden Leitung! In der Tat würden sich ja manche dringend nötige Neuordnungen von öffentlichen wie privaten Einnahmen und Ausgaben kurzfristig gesehen vielleicht leichter umsetzen lassen, wenn man sie „von oben herab" verordnen und diktieren könnte, ohne jeweils im Einzelfall um die Zustimmung der Mehrheiten werben zu müssen. Natürlich können wir das Problem in einer – rechten oder linken – Diktatur vielleicht schneller lösen, darin liegt ja genau ihre Gefahr, nur wie werden wir diese Diktatur dann wieder los? Damit würden wir die eine Unbehaglichkeit lediglich mit der nächsten ersetzen. Innerhalb unseres Wertemusters und mit der uns allen gemeinsamen Erinnerung unserer Vergangenheit wird es diesen Weg hoffentlich nicht geben. Es ist ohne Weiteres möglich, gesellschaftlichen Wandel ohne die Aufgabe der Freiheit der Einzelnen durchzusetzen, es ist nur schwerer. Dessen müssen wir uns eben bewusst sein.

Innerhalb einer durch ihren mehrheitlichen Willen für gewöhnlich zur Ausgewogenheit strebenden Bevölkerung ist die Vermeidung von großen Unbehaglichkeiten letztlich die wichtigste politische Aufgabe. Nachdem politische Verantwortlichkeit durch Abstimmung an der Wahlurne von den Einzelnen auf ihre Vertreter übertragen wird, gilt es natürlich, diese Übertragung sehr sorgfältig vorzunehmen. Dabei sind folgende drei herausragenden Pflichten gesellschaftlichen Miteinanders nicht zu vernachlässigen und peinlich genau zu beachten: 1. die andauernd nötige Heranbildung gesellschaftlicher Selbstehrlichkeit und Wachsamkeit, 2. eine politisch unabhängige Kontrolle der gesellschaftlichen Haushaltsführung und 3. die absolute Missbrauchsvermeidung. Diese drei Punkte sind die Grundpflichten eines gesellschaftlichen Miteinanders in Freiheit und im Bekenntnis zu sozialer Umverteilung. Denn genau deren Missachtung und unsere Sorglosigkeit gegenüber dieser Missachtung haben uns an jene Kante gebracht, von der wir nun in einen schwindelnden Abgrund sehen. So unangenehm es sein mag, sich gesellschaftlichen Pflichten zu unterwerfen, so unverzichtbar sind sie. Nur wenn wir sie als unverzichtbaren Teil eines friedvollen Zusammenlebens auf uns nehmen, werden wir uns über die nächsten Jahrzehnte wieder eine gesellschaftliche Hoffnung erwirtschaften können. Sofern wir uns auf eine genaue Abfolge von zu ergreifenden Maßnahmen einigen können, müssen wir in der Folge lediglich mutig bleiben und beherzte und ehrliche Schritte setzen. Mehr ist nicht nötig, um gesellschaftliche Hoffnung wiederzufinden und als solche auch benennen zu können.

Ich bin überzeugt davon, dass ein langfristiges und fruchtbares Miteinander der Einzelnen nur im Rahmen einer gemeinsam empfundenen gesellschaftlichen Hoffnung möglich ist. Wir können ohne eine solche gemeinsame Hoffnung als Gemeinwesen nicht überleben. Wir wissen, dass Mehrheiten nur dann die so nötige Großzügigkeit, Gelassenheit und Demut den Einzelnen gegenüber entwickeln, wenn sie durch das gemeinsame Empfinden gesellschaftlicher Hoffnung eine grundlegende Ausgewogenheit erzielen können. In einer ausgewogenen Gesellschaft herrscht immer die größtmögliche Freiheit der Einzelnen. Eine in sich ausgewogene gesellschaftliche Mitte lässt sich kaum aus der Ruhe bringen und entwickelt daher keine „lenkbaren" Ängste, was wiederum der individuellen Freiheit eines jeden Einzelnen innerhalb dieser Gesellschaft maßgeblich zu Gute kommt. Das hat natürlich mit dem eingangs erwähnten gesunden Misstrauen der Bevölkerungsmehrheit gegenüber jedweder Ausuferung der Freiheit eines Einzelnen zu tun und liegt für mich auch ein wenig im Wesen von Freiheit selbst. Wobei ich den „Freiheitsbegriff" sehr weit fasse und darunter sowohl Gedankenfreiheit, politische Freiheit, Schaffensfreiheit als auch unbedingte Bewegungsfreiheit verstehe. Freiheit ist ein gemeinsames Gefühl, im Einzelnen entsteht sie erst durch den jeweils anderen, denn für sich allein und ohne alle anderen wäre jeder völlig frei, nur würde dies wahrscheinlich niemandem etwas bedeuten. Ich kann Freiheit als Einzelner erfahren, wenn ich mich ungehindert aus der Zentralität gesellschaftlicher Mehrheiten in die freien Räume am Rand unserer Gesellschaft bewegen darf und auch von dort jederzeit in den zentralen Bereich der Mitte wieder zurückkehren kann. Dies kann ein gesellschaftliches Miteinander nur dann gefahrlos jedem Einzelnen ermöglichen, wenn es von einer gemeinsamen Hoffnung durchdrungen ist.

Das innere Wesen gesellschaftlicher Hoffnung ist für mich immer nach vorne gerichtet, also auf eine Weiterentwicklung dieser Gesellschaft hin. Solch eine Entwicklung ist nicht nur als eine wirtschaftliche Veränderung oder als eine Veränderung von Lebensqualität zu sehen, es kann sich auch um eine grundlegende Erneuerung oder zunächst einmal „Verständlichmachung" handeln. Hoffnung kann schon bedeuten, dass lediglich genug Platz für eine Suche eingeräumt wird oder dass Suchenden gegenseitiger Respekt gezollt wird. Ich gehe davon aus, dass die möglichen Antworten aller Einzelnen auf die Frage nach ihrem Platz im Leben höchst unterschiedlich ausfallen. Wenn Einzelne überhaupt etwas von Mehrheiten lernen können, dann unter Umständen, dass nicht alle einmal gefundenen oder gedachten Antworten Bestand haben werden. Ebenso können sie die Demut gegenüber der Vielfältigkeit möglicher Antworten lernen. Eine auf Entwicklung gerichtete Hoffnung verhindert das Einfrieren gesellschaftlicher Erkenntnis und wird keiner möglichen Antwort eine Alleinstellung oder Macht vor allen anderen Antworten erlauben. Es gilt also im Hier und Heute die Bedingungen zu schaffen, in denen gesellschaftliche Hoffnung oder das Gefühl einer gemeinsamen Hoffnung wieder wachsen kann.

Die Verschuldungs- und Wirtschaftskrisen Westeuropas können meiner Meinung nach ohne Weiteres bewältigt werden, mit etwas Klugheit auch gewaltlos. Aber wir werden nicht mehr lange Zeit verstreichen lassen dürfen, denn sonst lassen sich vielleicht für Gewaltlosigkeit keine Mehrheiten mehr finden. Letzten Endes ist die Lösung des Einnahmen-Ausgaben-Problems die vordringlichste Herausforderung für unser Gemeinwesen. Sie ist aber nur ein erster Schritt, mit dem wir beginnen, eine wichtige Vorübung für all die anderen noch zu lösenden dringlichen Sorgen und Probleme unseres Zusammenseins. Es wird uns ganz sicher helfen, wenn wir im Zuge der jetzt anstehenden Lösungen die Tragweite gesellschaftlicher Missverständnisse und Pflichtenvernachlässigung auch wirklich vollständig verstehen lernen.

Eine radikale Lösung der Verschuldungs- und Wirtschaftskrisen Westeuropas wird uns hoffentlich mit dem Rüstzeug versehen, uns diesen anderen Herausforderungen unseres Zusammenlebens zu stellen, denn der Hang zum gesellschaftlichen Selbstbetrug und zur Beschönigung verstellt uns ja noch immer die klare Sicht auf die Wirklichkeit von Klimawandel, Welternährung, Energieversorgung und Umweltverschmutzung. Nicht zuletzt müssen wir uns mit der Frage auseinandersetzen, ob wir jene durch die mediale Auslieferung immer mehr verkommende Fähigkeit, sich etwas selber „vorstellen" zu können, also unser Vorstellungsvermögen, unsere Phantasie nicht viel besser schützen müssen. Ich bin überzeugt davon, dass die Veränderung unserer Denk- und Erkenntnisfähigkeit (insbesondere die unserer Kinder …) letztlich die Übernahme gesellschaftlicher Verantwortung eines Tages unmöglich machen könnte. Ich finde, wir müssen endlich beginnen, die Gefahren eines mangelnden oder gelenkten Vorstellungsvermögens zu begreifen, und Mittel und Wege finden, unsere Begabung zur Phantasie zu fördern und zu festigen. Denn nur, was ich mir vorstellen und ausmalen kann, das kann ich vielleicht eines Tages auch erreichen. Ich muss mir erst einmal wirklich vorstellen können, wonach ich eigentlich strebe!

Danke

Bedanken muss ich mich für eure Geduld und auch für die Zeit, die ich mit euch hätte verbringen können, in der ich mich aber stattdessen mit diesem Projekt befasst habe. Es tut mir leid, wenn das Schreiben der Briefe nicht ganz so schnell ging, wie ich gehofft hatte. Dieses Buch herauszugeben hat viel mehr Geduld und Zeit erfordert, als ich für möglich gehalten hatte. Sanne, meiner „First Lady", danke ich für ihren Einsatz beim Lektorieren, ihr Kopfschütteln, ihre Zweifel und ihre Aufmunterung, es doch endlich fertigzustellen. Ohne sie hätte ich es noch immer nicht „gedeckelt"!

Kurzer Lebenslauf

Ruben Albrecht Eingärtner ist in Köln (Deutschland) aufgewachsen. Er wurde von seinen Eltern als ausgesprochen rebellisches Kind beschrieben. Schon im Kindergarten eher unangepasst und alles in Frage stellend, musste er während seiner Schulzeit acht verschiedene Klassengemeinschaften durchlaufen und wurde von sechs Schulen verwiesen, bis er trotzdem schließlich das deutsche Abitur bestand. Er hat als Heranwachsender mit Drogen experimentiert und ist in dieser Zeit mit allen dazugehörigen Erfahrungen konfrontiert worden, war aber gleichzeitig Leistungssportler. Von der Bundeswehr nach einem Jahr ausgemustert, schloss er sich danach eine Zeit lang einer linkspolitischen Befreiungsbewegung in Mittelamerika an. Nach dem Abschluss des Schauspielstudiums am Max Reinhardt Seminar war er für einige Jahre Schauspieler am Wiener Burgtheater und anderen Bühnen. 1987 brach er Verhandlungen über eine Filmrolle in New York ab und wurde innerhalb kurzer Zeit dort Börsenmakler bei Shearson Lehman Brothers. Zwei Jahre später war er Abteilungsdirektor von Salomon Brothers AG in Deutschland, weitere zwei Jahre danach Vorstandsmitglied einer großen österreichischen Immobiliengesellschaft, später Leiter der Vermögensverwaltung der österreichischen Creditanstalt und 1996 schließlich Vorstand der Creditanstalt Investment Bank. Danach wechselte er nach Russland, um dort mit zwei Partnern die United Financial Group aufzubauen, eine der führenden Investmentbanken Russlands. Im Jahr 2000 wurde er mit der Leitung eines großen Investmentportfolios für Soros Fund Management (New York) betraut und arbeitete als externer Hedge Fund Manager für George Soros's Quantum Fund bis 2005. Er ist heute Unternehmer und Biolandwirt mit europaweit operierenden Firmen und einem großen landwirtschaftlichen Betrieb in Neuseeland.

Er hat sieben Kinder (fünf leibliche und zwei Stiefkinder), lebt in Neuseeland und Österreich, ist deutscher Staatsbürger und Mitglied der Sozialdemokratischen Partei Deutschlands.